TYPISCH

DAS BALTIKUM IST EINE REISE WERT!

Die baltischen Staaten beeindrucken durch große Vielfalt auf relativ kleinem Raum: Zum Reiseerlebnis gehören alte Gutshöfe und Burgen in unberührter Natur, aber auch vitale Städte wie Vilnius, Rīga und Tallinn mit einer spannenden Kultur- und Ausgehszene.

JOCHEN KÖNNECKE
lebt in Potsdam, studierte Schauspiel und war an verschiedenen Theatern engagiert. Seit einem längerem Aufenthalt in Russland und Lettland verfasst er auch Reiseführer und Artikel für Reisemagazine, vor allem über Rīga, das ihm als Stadtschreiber 2014 zu seiner zweiten Heimat geworden ist.

Laba diana! Labdien! Tere! Diese Begrüßungsfloskeln werden Sie auf Ihrer Reise durch das Baltikum immer wieder zu hören bekommen. Litauer, Letten und Esten legen großen Wert darauf, dass ihre jeweiligen Heimatländer von Außenstehenden politisch und kulturell als eigenständig wahrgenommen werden. Dennoch gibt es natürlich vieles, was sie miteinander verbin-

Vom Talliner Rathaus auf dem Marktplatz grüßt der »Alte Thomas«

54 TOUREN & SEHENSWERTES

TOUR-SYMBOLE

1 Die POLYGLOTT-Touren
6 Stationen einer Tour
1 Zwischenstopp Essen & Trinken
A1 Die Koordinate verweist auf
die Platzierung in der Faltkarte
a1 Platzierung Rückseite Faltkarte

PREIS-SYMBOLE

	Hotel DZ	Restaurant
€	bis 40 EUR	bis 20 EUR
€€	40 bis 80 EUR	20 bis 40 EUR
€€€	über 80 EUR	über 40 EUR

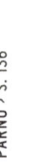

Perfekte Planung > Parallel vordere Klappe aufschlagen

TOP 12 HIGHLIGHTS

1. **GOTISCHER WINKEL IN VILNIUS** > S. 63
2. **TRAKAI** > S. 73
3. **BERG DER KREUZE** > S. 75
4. **KURISCHE NEHRUNG** > S. 83
5. **JUGENDSTILVIERTEL IN RĪGA** > S. 94
6. **STRANDPARK IN LIEPĀJA** > S. 106
7. **SCHLOSS RUNDĀLE** > S. 109
8. **RATHAUSPLATZ IN TALLINN** > S. 119
9. **HAAPSALU** > S. 132
10. **SAAREMAA** > S. 134
11. **PÄRNU** > S. 136
12. **LAHEMAA-NATIONALPARK** > S. 138

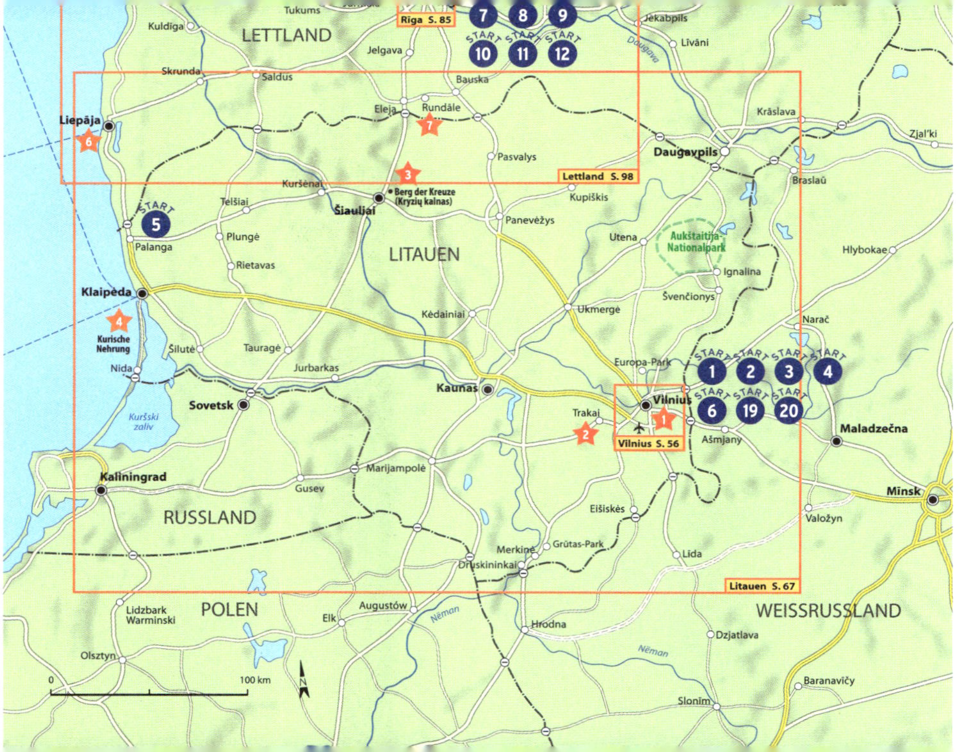

LETTLAND

Kuldīga
Skrunda
Saldus
Tukums
Liepāja
Jelgava
Bauska
Rundāle
Eleja
Dobele

Rīga S. 85

Lettland S. 98

Jēkabpils
Līvāni
Daugpilis
Krāslava
Zija'l'ki
Braslav

LITAUEN

Palanga
Klaipėda
Kuršiai
Nida
Kuršių zaliv
Šilutė
Sovetsk
Plungė
Rietavas
Telšiai
Kuršėnai
Šiauliai
Berg der Kreuze (Kryžių kalnas)
Pasvalys
Pakruojis
Panevėžys
Kėdainiai
Kaunas
Jurbarkas
Taurage
Kaliningrad
Gusev
Marijampolė
Vilkaviškis
Kybartai
Prienai
Alytus
Druskininkai
Kaišiadorys
Grūtas-Park
Merkinė
Eišiškės
Trakai
Vilnius
Vilnius S. 56
Europa-Park
Ukmergė
Utena
Kupiškis
Švenčionys
Ignalina
Aukštaitija Nationalpark
Švenčionėliai
Pabradė
Narač
Ašmjany
Litauen S. 67

RUSSLAND

POLEN

Olsztyn
Lidzbark Warmiński
Ełk
Augustów
Grodno
Hrodna
Lida
Dziatlava
Slonim
Baranavičy
Minsk
Maladzečna
Valožyn
Hlybokae

WEISSRUSSLAND

100 km

N

0

Sand, Wasser und ein hoher Himmel –
Blick von der Großen Düne über Nida
und das Kurische Haff

det. Während die Litauer und Letten eng verwandte Sprachen sprechen, blicken die Esten und Letten auf eine gemeinsame Geschichte zurück, die über Jahrhunderte hinweg von Deutschen geprägt wurde. Die meisten Deutschbalten haben die Region zwar 1939 verlassen, doch ihre Spuren sind noch vielerorts zu finden, z. B. in der Altstadt von Rīga, der Hauptstadt Lettlands. Dort sind an zahlreichen Häuserfassaden noch deutsche Inschriften zu erkennen.

Auf Deutsch begrüßt mich auch die lettische Mitarbeiterin des Goethe-Instituts in Rīga. Sie kennt mich mittlerweile, denn ich leihe mir in der kleinen, aber feinen Bibliothek des Hauses am Rand der Altstadt regelmäßig Bücher aus oder lese Zeitschriften. Die lettische Hauptstadt ist mir über die Jahre sehr vertraut geworden, seit ich 1999 zum ersten Mal hierher kam. Gleichzeitig hat sich vieles verändert, nicht nur die Häuser in der Altstadt, die inzwischen bis auf wenige Ausnahmen renoviert wurden. Estland, Lettland und Litauen sind seit 2004 Mitglieder der EU und der NATO und haben in den vergangenen Jahren den Euro eingeführt. Mit dem rasanten politischen und ökonomischen Wandel ging eine Änderung der Mentalität einher: Vor allem junge Leute sind heute davon überzeugt, dass man durch Eigeninitiative etwas verändern kann, und engagieren sich – sei es bei der gemeinschaftlichen Neugestaltung verwahrloster Hinterhöfe oder bei der Nutzung leer stehender Gebäude für Kulturprojekte.

Auf dem Land erinnern eindrucksvolle Burgruinen an die Machtkämpfe zwischen Deutschem Orden und baltischen Völkern. In besonders großer Dichte findet man sie rund um Sigulda vor, eine kleine Stadt im Nordosten Lettlands, wo sich in geringer Entfernung voneinander gleich drei Burgen

auf den Hügeln am Ufer der Gauja erheben, einem idyllischen Fluss inmitten des Gauja-Nationalparks mit rotsandigen Felsformationen an seinem Ufer. Am liebsten betrachte ich sie von einem gemächlich flussabwärts treibenden Kanu aus.

Auch in Litauen gibt es bedeutende Burgen wie die ehemalige Residenz der Großfürsten in Trakai, während in Estland die gut erhaltene Bischofsburg Kuressaare auf Saaremaa, der größten Insel Estlands, zahlreiche Besucher anlockt. Und wenn man schon einmal im Hinterland der Metropolen unterwegs ist, wäre es doch passend, in einem der Gutshöfe zu übernachten, in denen

Im Hinterland erwartet Reisende ländliches Idyll

einst deutschbaltische Adelsfamilien ein beschauliches Landherrenleben pflegten. Viele dieser Anwesen wurden in mühsamer Arbeit von ihren neuen Besitzern wieder hergerichtet.

Fahre ich mit dem Auto von Deutschland ins Baltikum, habe ich spätestens nach dem Grenzübergang von Polen nach Litauen das Gefühl, Zentraleuropa zu verlassen – was ja auch der Fall ist. Es wird deutlich ruhiger, der Verkehr nimmt ab, in den wenigen Ortschaften sieht man kaum Geschäfte, und auf dem Land nur vereinzelt Gehöfte. Den Wert der unberührten Natur mit ihren riesigen Wäldern, zahllosen Seen und unbegradigten Flüssen haben die Menschen im Baltikum längst erkannt. Um diesen Schatz zu bewahren, wurden die Nationalparks und Naturschutzgebiete in den vergangenen Jahrzehnten beständig erweitert. Besonders erlebnisreich ist ein Besuch des Lahemaa-Nationalparks an der schroffen Nordküste Estlands, wo Sümpfe, Felsenwälder und in den Kalkstein geschnittene Flusstäler ideale Lebensbedingungen für Elche, Bären und Luchse bieten. Bohlenwege führen weit ins Moor hinein, vorbei an Aussichtstürmen zur Vogelbeobachtung.

Doch das Baltikum kennt auch genügend Orte, an denen man einfach nur entspannen und das Rauschen des Meeres genießen kann. Am besten geht das in Kurbädern wie Jūrmala bei Rīga oder Pärnu südlich von Tallinn – weißer Sand, der sich bis zum Horizont erstreckt. Unvergessliche Eindrücke beschert ein Ausflug auf die Kurische Nehrung – im kleinen Ort Nida ließ sich einst Thomas Mann ein Sommerhäuschen bauen, das heute Besuchern offen steht. Der schmale Landstreifen mit seinen riesigen Dünen, lichten Kiefernwäldchen und idyllischen Ferienorten ist nur eine von vielen Entdeckungen, die Sie im Baltikum machen werden – ich wünsche Ihnen viel Spaß dabei!

WAS STECKT DAHINTER?

Die kleinen Geheimnisse sind oftmals die spannendsten. Hier werden die Geschichten hinter den Kulissen erzählt.

WIESO ZIEHEN LETTEN IM WINTER EINEN BALKEN HINTER SICH HER?

Das Balkenziehen ist ein lettischer Brauch, mit dem die Wintersonnenwende am 21. Dezember gefeiert wird. Dann laufen maskierte Personen, die einen Eichenbalken hinter sich herziehen, von Haus zu Haus. Dabei sammeln sie das Unglück und die Sorgen, die schlechten Taten und Gedanken des vergangenen Jahres ein. Am Zielort werden Balken und Böses in einem großen Feuer verbrannt, an dem man sich natürlich auch nur die Hände wärmen oder einen heißen Tee trinken kann. Es werden Lieder gesungen, Geschichten erzählt und Spiele gespielt. Das Balkenziehen findet u. a. auch im Ethnografischen Freilichtmuseum bei Rīga › S. 95 statt.

WAS BEDEUTET DIE WUNDERPLATTE AUF DEM KATHEDRALENPLATZ?

In Vilnius ist direkt neben dem Glockenturm › S. 61 eine Platte in den Boden eingelassen, auf der in großen Buchstaben *stebuklas* steht, das litauische Wort für Wunder. Unterhalb der Platte sind Fußabdrücke zu sehen. Das Werk des Künstlers Gitenis Umbrasas markiert das südliche Ende der etwa 600 km langen Menschenkette von Vilnius über Rīga nach Tallinn, mit der die Hunder-

tausende Litauer, Letten und Esten 1989 erfolgreich für ihre Unabhängigkeit demonstrierten. Weil er an ein bereits geschehenes Wunder erinnert, ist der Pflasterstein heute ein Symbol der Hoffnung. Wenn Sie einen Wunsch für die Zukunft haben, sollten Sie sich auf die Platte stellen, an Ihren Wunsch denken und sich dabei dreimal im Uhrzeigersinn um sich selbst drehen. So steigen die Chancen, dass auch Ihr Traum eines Tages wahr wird.

WARUM TRAGEN DIE ESTEN IN DER SAUNA MÜTZEN?

Wer eine Sauna besucht, zieht in der Regel so wenig an wie möglich. In Estland tragen jedoch viele Saunabesucher eine Mütze oder einen Hut. Ist es nicht schon warm genug? Doch, natürlich. Aber gerade vor der nach Aufgüssen entstehenden, extremen Hitze soll die Kopfbedeckung schützen, die meist aus Wollfilz und Leinen besteht. Darüber hinaus schützt der Hut auch vor Unterkühlung, wenn man sich unmittelbar nach dem Saunagang ins Freie begibt und sich im Schnee wälzt, was die Esten lieben. Auf manchen Sauneuling befremdlich wirken mag auch das Schlagen des Rückens mit Birkenzweigen – es fördert noch zusätzlich die Durchblutung und sorgt für ein angenehmes Prickeln auf der Haut.

50 DINGE, DIE SIE …

Hier wird entdeckt, probiert, gestaunt, Urlaubserinnerungen werden gesammelt und Fettnäpfe clever umgangen. Diese Tipps machen Lust auf mehr und lassen Sie die ganz typischen Seiten erleben. Viel Spaß dabei!

… ERLEBEN SOLLTEN

1 Bernstein fischen Fachkundig angeleitet von Igoris Osnač steigen Sie in wasserfestem Ölzeug und mit Käscher ausgerüstet am Strand von Karklė 🚩 B8 in die Ostsee und fischen in der Brandung nach Bernstein (Tel. 6502 1337, www.gintalinis.lt).

2 Estnische Sauna Im Tallinner Stadtteil Kalamaja mit seinen hübschen Holzhäusern verbirgt sich hinter einer Art-déco-Fassade die Kalma Saun 🚩 a1, die älteste und einzige noch mit Holz beheizte Sauna der Stadt (Vana-Kalamaja 9a, Tel. 627 1811, www.kalmasaun.ee).

Stürme verheißen viel Bernstein

3 Litera-Tour Bei seinen literarischen Stadtspaziergängen durch die Altstadt von Rīga kommentiert der Übersetzer Matthias Knoll mit Texten lettischer Autoren, was unterwegs zu sehen ist (Tel. 2950 6719, www.literatur.lv).

4 Moorschuhwandern Schneeschuhähnliches Schuhwerk sorgt für trockene Füße, während man über die sumpfigen Böden im Lahemaa-Nationalpark > S. 138 wandert und den Geheimnissen dieses besonderen Ökosystems nachspürt (Tel. 5622 7191, www.360.ee).

5 Bobfahren für Anfänger Auf der Rennrodelbahn in Sigulda, wo sonst die lettische Nationalmannschaft trainiert, können Sie unter der Führung eines erfahrenen Bobpiloten mit 80 km/h durch die 16 Kurven rauschen (Šveices 13, www.bobtrase.lv, 10 €).

6 Fahrt im Kurenkahn Nur Möwengeschrei stört die himmlische Ruhe, während man von Nida > S. 83 aus gemächlich über das Haff schippert und die eindrucksvolle Dünenlandschaft der Nehrung auf sich wirken lässt (man spricht Deutsch, Mitte Mai–Sept., ab Hafen, Tel. 6866 5242, www.elch.lt)

Schwankende Böden und schaurige Geschichten machen eine Moorwanderung zum Erlebnis

⑦ Extrem-Schaukeln Kiiking, so nennt sich ein estnischer Funsport, bei dem man sich, an Händen und Füßen gesichert, auf riesigen Schaukeln stehend überschlägt. Selbst probieren kann man das auf dem Jõekääru-Campingplatz ▮ D4 bei Pärnu (Tel. 443 0034, www.joekaaru.ee).

⑧ Mittsommernacht Lodernde Feuer, Tanz und Gesang – die Sommersonnenwende wird überall im Baltikum ausgelassen gefeiert, besonders stimmungsvoll an der Seebrücke in Palanga › S. 79. Einfach unters Volk mischen und auf keinen Fall vor Sonnenaufgang schlafen gehen – das bringt Unglück!

⑨ Strandeinsamkeit Nördlich von Jūrkalne ▮ B6 erstreckt sich einer der schönsten Küstenabschnitte Lettlands. Hier kann man kilometerlange Strandspaziergänge unternehmen, Treibholz sammeln und in der noch wilden Ostsee baden – ohne einem einzigen Menschen zu begegnen.

⑩ U-Boot an Land Das 1936 gebaute U-Boot »Lembit« ist das Glanzstück des Tallinner Meeresmuseums › S. 121 in den riesigen Hangars des ehemaligen Wasserflughafens. In einem Simulator kann man damit taktische Manöver in der Tallinner Bucht ausführen.

... PROBIEREN SOLLTEN

11 **Saure Gurken** Und zwar in Litauens Gurkenhauptstadt Kėdainiai 📖 D8 und anlässlich des Gurkenfests im Juli. Das im Baltikum allseits beliebte Krummgemüse wird hier sogar zu Marmelade und Schnaps verarbeitet (www.kedainiai.lt).

12 **Estnisches Schwarzbrot** Die Esten haben eine Schwäche für Schwarzbrot, dem häufig Malz oder Kümmel zugefügt wird – mit Dillbutter bestrichen eine Köstlichkeit! Man bekommt es in Bäckereien oder abgepackt in Supermärkten, z. B. bei Stockmann 📖 c4 in Tallinn (Liivalaia 53, www.stockmann.ee).

13 **Lettisches Bier** Wie gut ein »Tērvetes« oder »Brenguļu« mundet, testet man am besten im kleinen Lokal Alus Krodziņš in Jūrmala > S. 104. Bestellen Sie dazu frischen Fisch oder Schaschlik, ein Strandspaziergang bei Sonnenuntergang

Brot und Hering frisch auf dem Tisch

rundet den Abend ab (Jomas 64a, Majori, Tel. 6776 4456).

14 **Tannenbaum aus Teig** Litauischer Baumkuchen, *šakotis*, sieht mit seinen Teigstacheln tatsächlich aus wie ein Nadelbaum. Im Bäckerei-Restaurant Romnesa bei Ignalina 📖 F8 kann man bei der Herstellung des Kuchens zusehen und ihn anschließend kosten (Strigailiškis, www.romnesa.lt/ignalina).

15 **Kama** Das grobe Mehl aus Hafer, Roggen, Gerste, Erbsen und Bohnen ist in Estland Bestandteil vieler Gerichte. Im Restaurant Kuldse Notsu Kõrts in Tallinn > S. 124 wird es mit Dickmilch und Beeren zu einem Dessert verarbeitet, das noch viel besser schmeckt, als es aussieht.

16 **Cepelinai** Die wie kleine Luftschiffe geformten, unterschiedlich gefüllten Kartoffelklöße gehören in Litauen zu den Nationalgerichten. Besonders lecker sind sie bei Bambalinė 📖 b3 in Vilnius. Dazu passt das hauseigene dunkle Bier (Stikliu 4, Tel. 5240 5670, www.bambalyne.lt).

17 **Karums** Den von Schokolade umhüllten Quarkriegel findet man in Lettland im Kühlregal von Supermärkten – neuerdings auch mit Fruchtfüllung oder Toffeestückchen. Am besten schmeckt er aber nach wie vor pur.

18 **Fast Food auf Lettisch** Als eine Mischung aus lettischem Landhaus und Disneyland präsentiert sich das

Wie die Spitze eines Eisbergs ragt die Rīgaer Nationalbibliothek in den Himmel

Lido Atputas Centrs bei Rīga › S. 96. In einem riesigen Blockhaus kann man sich am opulenten Büfett durch die lettische Küche probieren, dazu gibt's hausgebrautes Bier und Volksmusik vom Band.

19 Elchfleisch Wer Wild mag, sollte auch einmal Elchfleisch probieren. Im mittelalterlichen Erlebnisrestaurant Olde Hansa › S. 124 in Tallinn wird es getrocknet als Vorspeise serviert, aber auch als Gulasch oder Braten.

20 Geräucherte Maräne gilt in Estland als Delikatesse. Bei einem fantastischen Meerblick genießt man sie im Restaurant Ruhe ▮ E2, das in dem ehemaligen Fischerdorf Jõelähtme etwa 30 Autominuten von Tallinn entfernt seine Gäste empfängt (Sadama tee 10, Neeme küla, Tel. 5627 9007, www.ruhe.ee).

... BESTAUNEN SOLLTEN

21 Turmparade Von Tallinns mittelalterlicher Stadtbefestigung sind immerhin noch 20 Türme und ein fast 2 km langer Mauerabschnitt erhalten – vom Domberg › S. 120 hat man einen schönen Blick auf das imponierende Ensemble.

22 Lichtschloss Die neue Lettische Nationalbibliothek im Rīgaer Stadtteil Āgenskalns gleicht einem am Daugava-Ufer gestrandeten Eisberg. Je nach Lichteinfall schimmert die transluzente Stahl-Glas-Konstruktion in wechselnden Grautönen (Mūkusalas 3, www.lnb.lv).

23 Dreihändiger Heiliger In der Kasimirkapelle der Kathedrale von Vilnius › S. 60 stellt ein Altarbild den Heiligen mit drei Händen dar. Alle Versuche, die dritte Hand zu übermalen, scheiterten: Sie kommt immer wieder zum Vorschein, Sinnbild für großzügig erteilte Gnadengaben.

24 **Überwältigende Akustik** Musik aus 6718 Pfeifen und mit einem Klangspektrum über neuneinhalb Oktaven ertönt bei Konzerten auf der Walcker-Orgel im Rigaer Dom › S. 92. Ebenso grandios wie der Klang ist das Raumerlebnis in der dreischiffigen Hallenkirche.

25 **Ruhe-Muschel** Der wohl ungewöhnlichste Raum im Barockschloss Rundāle › S. 109 ist das Boudoir der Herzogin: Der Bildhauer Johann Michael Graff schuf hier eine Diwan-Nische in Form einer riesigen Muschel.

26 **Sinfonie in Rot** Das schönste Sonnenuntergangsspektakel im gesamten Baltikum bietet die Seebrücke in Palanga › S. 79. Von dem 600 m ins Meer ragenden Steg aus sieht man die Sonne rot glühend in der Ostsee versinken.

27 **Talking Heads** Im Tallinner KUMU › S. 122 stehen 86 Büsten bekannter und unbekannter Bürger auf gläsernen Säulen einträchtig nebeneinander, während ihre Stimmen von den Wänden schallen – Villu Janisoos Installation »Seagull« beschwört eindrücklich die komplexe Vergangenheit des Landes.

28 **Blumenmeer** Ohne Blumen geht in Lettland nichts. Entsprechend hat der Rigaer Blumenmarkt

Blütenpracht nach Farben auf dem Rīgaer Blumenmarkt

📖 c2 bis Mitternacht geöffnet. Je nach Saison verströmen hier Tulpen, Rosen oder Astern ihren Duft, nach Farben in Vasen angeordnet (Terbatas iela).

29 **Dichtertreffen** Auf einer Bank vor dem Café Vilde in Tartu › S. 144 sitzen ins Gespräch vertieft Bronzefiguren des britischen Schriftstellers Oscar Wilde und des estnischen Autors Eduard Vilde. Sicher hätten die Namensvettern sich einiges zu erzählen gehabt …

30 **Schwimmende Galerie** Eine ungewöhnliche Plattform für zeitgenössische Kunst bildet die Galerie NOASS 📖 a3, ein Ponton, der in Rīga am Daugava-Ufer vertäut ist (AB dambis 2, www.noass.lv).

... MIT NACH HAUSE NEHMEN SOLLTEN

31 **Nordische Naturkosmetik** Das lettische Unternehmen Mádara stellt Kosmetika mit baltischen Rohstoffen aus Bioanbau her. Verkaufsschlager ist die Anti-Aging-Creme auf Basis von Labkraut, das dem Label den Namen gab (Madara Skin Café 📖 b3, Audēju 16, Rīga, www.madaracosmetics.lv).

32 **Getrocknete Pilze,** am besten selbstgesammelte, finden in zahlreichen Gerichten Verwendung. Geführte Exkursionen zu vielversprechenden Fundstellen organisiert das Informationszentrum des Dzukija-Nationalparks › S. 78 in Litauen.

Im Herbst finden Pilzsammler reiche Beute

33 **Bittersüße Schokolade** Köstlichen heißen Kakao, aber auch feinste handgefertigte Trüffel und Schokoladen gibt es in den Cafés von Emils Gustavs › S. 96. Eine Offenbarung ist die Vollmilchschokolade mit Lakritz und Himbeeren.

34 **Upcycling** Die Estnin Reet Aus zählt zu den bekanntesten Designerinnen, die aus gebrauchter Kleidung Mode herstellen lassen. Sie wird im Onlineshop verkauft, aber auch vor Ort (Telliskivi 62 📖 a2, Tallinn, www.reetaus.com).

35 **Litauischer Bitter** »Trejos Devynerios« bedeutet drei mal neun – der in Litauen als Allheilmittel geltende Kräuterschnaps wird aus 27 Kräutern hergestellt. Man bekommt ihn in jedem Supermarkt.

36 **Elīna Dobele** nennt sich das erste baltische Designerlabel für Schuhe 📖 b2. Die Lettin bezeichnet ihre Entwürfe, von denen jeweils

Jugendstilhäuser wie dieses liefern die Vorlagen für die Souvenirs bei Art Nouveau in Rīga

nur wenige Paare hergestellt werden, als »kleine Häuser für Füße« (Vaļņu 12, Rīga, www.elinadobele.com).

37 Webkunst Aus baltischem Flachs handgewebtes Leinen verarbeitet Ars Tela ▌ b2 zu ungewöhnlichen Kleidungsstücken und Accessoires – die Schals sind ebenso originell strukturiert wie angenehm auf der Haut (Smilšu 18, Rīga, www.arstela.lv).

38 Belle-Époque-Flair Repliken von Stuck- und Keramikverzierungen an Rīgaer Jugendstilhäusern bekommt man bei Art Nouveau ▌ b1 – die Fliesen geben stilvolle Untersetzer ab (Strelnieku 9, Rīga, www.artnouveauriga.lv).

39 Essbare Bernsteine aus Moosbeere, Sanddorn und Quitte, mit Einschlüssen aus Cranberries, produziert Saldais Dzintars – jedes Stück ist ein Unikat. In Rīga be-

kommt man sie z. B. im Tea & Coffee Garden ▌ b3 gegenüber dem Schwarzhäupterhaus (Grēcinieku 28).

40 Meeresduft Im Dörfchen Kaarma auf der Insel Saaremaa stellt GoodKaarma ▌ C4 Seifen aus lokalen Ingredienzen wie Wacholder und Meerschlamm her. Bei Workshops kann man auch selbst das Seifensieden probieren (Kuke küla, Kaarma vald, http://goodkaarma.ee).

... BLEIBEN LASSEN SOLLTEN

41 Blumen vergessen Überreichen Sie bei einer privaten Einladung dem Gastgeber auf jeden Fall ein Mitbringsel, denn es zeugt von schlechter Kinderstube, mit leeren Händen zu kommen. Am besten sind Blumen. Ihre Zahl sollte jedoch niemals gerade sein – das ist nur bei Beerdigungen üblich.

42 **Alkoholkonsum in der Öffentlichkeit** Wer dabei erwischt wird, muss Bußgeld zahlen. Einzige Ausnahme sind Straßenlokale – und der Pirogov-Park in Tartu. Hier haben die Studenten in langjähriger Auseinandersetzung mit den Behörden eine Ausnahmeregelung erkämpft.

43 **Russisch sprechen** Die Balten haben eine schwierige Beziehung zum Russischen, denn mit der sowjetischen Besatzung wurde es zur ersten Staatssprache. Sprechen Sie die Menschen lieber zuerst auf Englisch an, wenn Sie die Landessprache nicht beherrschen.

44 **Nacktbaden am falschen Strand,** vor allem im katholischen Litauen. FKK ist dort für Männer nur am *vyrų pliažas,* für Frauen nur am *moterų pliažas* erlaubt. Am gemischten Strand, dem *bendras pliažas,* ist Nacktbaden verboten.

45 **In Estland Bernstein suchen** Warum? Es gibt ihn dort so gut wie gar nicht. Die größten Bernsteinvorkommen haben Litauen und Lettland, die besten Fundstellen liegen an der Westküste.

46 **Matrjoschkas kaufen** Die bunt bemalten Schachtelpüppchen sind zwar hübsch, aber typisch russisch und haben mit der baltischen Kultur nichts zu tun.

47 **Drinks spendieren** Jedenfalls nicht gut aussehenden, kontaktfreudigen jungen Frauen. Die Konsumdamen – ja, so heißen sie wirklich – haben Absprachen mit dem Lokal der Wahl und der kleine Flirt kann sich als teurer Spaß erweisen.

48 **Küsschen auf die Wange** Nein, die Balten sind nicht kaltherzig, im Gegenteil. Doch wenn man sich kaum kennt, gibt man kein Küsschen, sondern schüttelt sich zur Begrüßung die Hände.

49 **Zu spät kommen** Dieses Laster gilt als typisch russisch. Die meisten Menschen im Baltikum bemühen sich um Pünktlichkeit und sehen es gar nicht gerne, wenn sie bei einer Verabredung länger auf den anderen warten müssen.

50 **Mückenschutz vergessen** Das Baltikum hat Natur im Überfluss – leider auch die kleinen Plagegeister. Da hilft nur eins: gründlich mit Insektenschutzmittel einsprühen und möglichst wenig Haut zeigen.

Minimal gebotene Strandbekleidung

Der Fluss Tuudi prägt mit dem Kasari
den vogelreichen Matsalu Nationalpark
an der estnischen Westküste

REISEPLANUNG & ADRESSEN

DIE REISEREGION IM ÜBERBLICK

Nachdem sich die drei baltischen Republiken seit der Wende rasant nach Westen orientiert hatten, gehören sie seit 2004 auch ganz offiziell zur EU. Mit der Wirtschaft hat sich der Tourismus entwickelt: Hotels in allen Kategorien sind reichlich vorhanden, Straßen und öffentlicher Personenverkehr wurden ausgebaut.

Bei aller Aufbruchsstimmung hat man aber auf Nachhaltigkeit geachtet: Prächtige Barockschlösser, Ordensburgen und alte deutschbaltische Herrensitze liegen in fast unberührter Natur. Große Teile der Landschaft stehen in Nationalparks unter Schutz; erkunden kann man sie zu Fuß, zu Pferd, im Kanu oder per Rad. Traditionsreiche Kurorte erleben eine Renaissance und bieten Wellness auf westlichem Niveau zu moderaten Preisen. Aber auch Kulturinteressierte werden in den drei Ländern zwischen Polen, Russland, Weißrussland und Ostsee viele Entdeckungen machen: Die liebevoll restaurierten Hauptstädte prunken mit architektonischen Schätzen von der Backsteingotik bis zum Jugendstil; die Begeisterung der Menschen für Kunst und Musik schlägt sich in einer Vielzahl von Museen und Galerien, prachtvollen Opernhäusern und Festivals nieder.

Dass alle drei Länder kulturell und landschaftlich sehr unterschiedlich sind, macht das Baltikum zu einem um so spannenderen Reiseziel. **Litauen** spielte im Mittelalter die Rolle einer europäischen Großmacht und konnte seine nationale Eigenständigkeit länger als Lettland und Estland bewahren. Seit dem Zusammenschluss mit Polen im Jahr 1386 ist es katholisch. Der südlichste Baltenstaat hat zwar die kürzeste Küste, dafür aber eine spektakuläre: Neben dem lebhaften Seebad Palanga und der geschichtsträchtigen Hafenstadt Klaipėda besitzt Litauen mit der Kurischen Nehrung eine einzigartige, geschützte Naturlandschaft: eine 98 km lange Landzunge, von der rund die Hälfte zu Litauen gehört und die mit Kiefernwäldern, hohen Dünen und idyllischen Fischerdörfern wie aus der Zeit gefallen wirkt. Historische Stätten wie Litauens alte Hauptstadt Kėrnave, die traditionsreiche Universitätsstadt Kaunas und natürlich die heutige Hauptstadt Vilnius, ein Juwel des Barock mit unzähligen Kirchen, machen Litauen zu einem facettenreichen Reiseziel.

Das heutige **Lettland** und Estland wurde im 13. Jh. von deutschen Kreuzrittern erobert, im 16. Jh. geriet das Gebiet unter schwedische Herrschaft und erhielt die Reformation quasi als Dreingabe. Beide Länder sind seither protestantisch. Lettlands Hauptstadt Rīga ist die größte Stadt des Baltikums – und mit schwelgerischen Jugendstilensembles, der lebendigen Kaffeehausszene und dem Flair einer Großstadt auch eine der schönsten. Landschaftlich zeichnet sich der mittlere der drei Baltenstaaten durch große Vielfalt aus: 500 km Ostseeküste, gesäumt von feinsandigem weißem Strand, mehr als 3000 Seen und geschützte Naturlandschaften wie der Gauja-Nationalpark machen Lettland auch zu einem Ziel für Erholungssuchende und Naturliebhaber.

Estland, der kleinste baltische Staat, boomt wirtschaftlich und liegt in der Informationstechnologie ganz weit vorn. Die Hauptstadt **Tallinn,** die als Relikt der Hansezeit eines der am besten erhaltenen mittelalterlichen Stadtzentren Europas besitzt, verbindet historisches Flair auf besonders eindrucksvolle Weise mit den Errungenschaften des 21. Jhs. Lässt man die Grenzen der Hauptstadt hinter sich, erlebt man traumhafte, noch weitgehend urwüchsige Landschaften, die mit ihren tiefen Wäldern und ausgedehnten Moorgebieten an den Süden Skandinaviens erinnern. Auch die Weißen Nächte im Sommer lassen schon den hohen Norden erahnen. Der Lahemaa-Nationalpark im Norden mit seiner zerklüfteten Küste, den riesigen Findlingen und den alten deutschbaltischen Gutshöfen sowie die Inselwelt vor der Westküste Estlands und der schöne Badeort Pärnu gehören zu den Highlights jeder Baltikumreise.

Unendliche Weite der Moorlandschaften in Estland

KLIMA & REISEZEIT

Im Baltikum treffen kontinentale und maritime Klimaeinflüsse zusammen: Man muss sich auf plötzliche Wetterwechsel gefasst machen. Im Sommer kann es sehr warm werden (20–30 °C), Regenkleidung und ein dickerer Pullover gehören dennoch unbedingt ins Gepäck.

Die Übergangsjahreszeiten sind kurz und mild, die Winter (Okt.–April) lang, schneereich und vor allem im Binnenland oft sehr kalt: Bis auf –25 °C kann das Thermometer sinken. In Estland ist der Einfluss polarer Luftmassen stärker, was etwas niedrigere Durchschnittstemperaturen als im übrigen Baltikum mit sich bringt.

Die beste Reisezeit sind die Monate Mai bis September. Zwar genießen von Juni bis August auch die Einheimischen ihre langen Sommerferien, doch selbst in der Hauptsaison sind weder die Strände noch die Nationalparks überlaufen. Ein eindrucksvolles Naturschauspiel bieten die weißen Dämmernächte des Juni. In Estland verschwindet die Sonne dann nur für kurze Zeit. Ihr Höhepunkt ist die Sommersonnenwende, die im gesamten Baltikum groß gefeiert wird – und zwar auf dem Land, weshalb Unterkünfte dort in der Nacht zum Johannistag (24. Juni) mindestens vier Wochen vorausgebucht werden sollten.

Von Anfang September bis Mitte Oktober lässt der Herbst die Wälder rotgolden erstrahlen, Flüge und Hotels sind deutlich günstiger. Im Winter laden die baltischen Hauptstädte zu Kurztrips ein: Ein Frostrand steht Tallinn, Vilnius und Rīga gleichermaßen gut, es gibt genügend Museen und Cafés zum Aufwärmen, und die Hauptstädte begegnen Kälte und Dunkelheit mit einem umfangreichen Kulturprogramm.

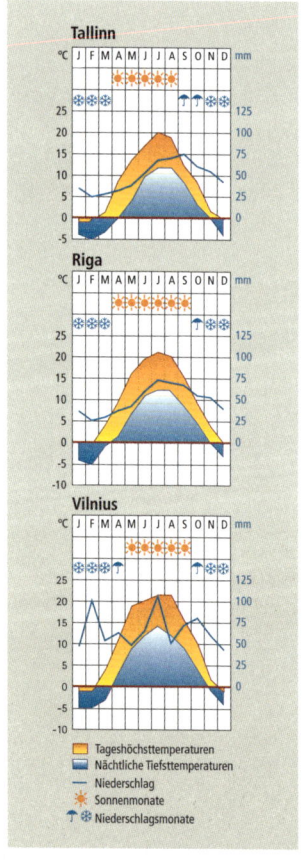

Tallinn

Riga

Vilnius

Tageshöchsttemperaturen
Nächtliche Tiefsttemperaturen
Niederschlag
Sonnenmonate
Niederschlagsmonate

ANREISE

MIT DEM FLUGZEUG

Direktflüge nach Vilnius, Rīga und Tallinn bietet Lufthansa (www.lufthansa.com) von Frankfurt/Main an, nach Vilnius außerdem von Wien. Die lettische Fluggesellschaft airBaltic (www.airbaltic.com) hat die meisten Destinationen im Flugplan: Sie verbindet Rīga mit Berlin-Tegel, Düsseldorf, Frankfurt/Main, Hamburg, München, Wien und Zürich, Vilnius mit Berlin-Tegel und München sowie Tallinn mit Berlin-Tegel und Wien. Vermehrt gibt es Angebote von Low-Cost-Airlines, allerdings ist in den Flugplänen viel Bewegung. Ryanair (www.ryanair.com) unterhält derzeit Verbindungen von Berlin-Schönefeld, Bremen, Köln-Bonn und Frankfurt-Hahn nach Rīga, von Bremen und Düsseldorf-Weeze nach Tallinn und von Bremen, Berlin-Schönefeld, Köln-Bonn, Nürnberg und Frankfurt-Hahn nach Vilnius. Wizz Air (www.wizzair.com) fliegt von Dortmund-Wickede nach Rīga und Vilnius.

MIT DER FÄHRE

Fähren von DFDS Seaways (www.dfdsseaways.de) verkehren zwischen Kiel und Klaipėda (21 Std.). Stena Line (www.stenaline.de) fährt von Travemünde nach Liepāja (26 Std.). Außerdem gibt es Verbindungen mit Finnlines (www.finnlines.com) zwischen Travemünde und Helsinki (ca. 29 Std.), dort regelmäßiger Fährverkehr mit Tallinn.

MIT BAHN UND BUS

Ab Berlin gibt es Bahnverbindungen (www.bahn.de) über Warschau, Białystok und Kaunas nach Vilnius. Von dort schafft es die Eisenbahn in 5,5 Std. nach Rīga; allerdings fährt sie nicht täglich. Alternativ gibt es nach wie vor die Strecke über Weißrussland, wofür allerdings ein Transitvisum erforderlich ist. Zwischen Rīga und Tallinn besteht keine Zugverbindung, man muss auf Fernbusse zurückgreifen.

Mehrmals wöchentlich bestehen Fernbusverbindungen von verschiedenen deutschen Städten aus nach Vilnius, Kaunas, Rīga, Pärnu und Tallinn, buchbar z. B. über Eurolines (www.eurolines.de) und Ecolines (www.ecolines.net).

MIT DEM AUTO

Da die baltischen Länder zu den Schengenstaaten gehören, finden an den Grenzen keine Kontrollen mehr statt. Zwischen Polen und Litauen empfiehlt sich die Route über Lazdijai, da sie für den Schwerverkehr gesperrt ist. Von Litauen aus erreicht man Lettland über Medumi, Subate, Grenctāle, Meitene, Ezere oder Rucava. Die Grenze zwischen Lettland und Estland kann in Ainaži, Valka und Veclaiciene passiert werden.

REISEN IM BALTIKUM

MIT DEM AUTO

Hauptverkehrsstraßen wie die Via Baltica sind gut ausgebaut; Nebenstraßen enden allerdings häufig in unbefestigten Schotterpisten. Das Tankstellennetz ist dicht; Benzin kostet inzwischen fast so viel wie in Deutschland.

In größeren Städten und an den Flughäfen kann man Autos mieten. Die Leihgebühren sind jedoch oft etwas höher als in Westeuropa. Eine Grüne Versicherungskarte ist nicht mehr obligatorisch, bei Unfällen aber hilfreich. In allen drei Ländern fährt man auch tagsüber mit Abblendlicht. In Estland und Lettland sind vom 1. Dezember bis 1. März Winterreifen Pflicht, in Litauen vom 1. November bis 1. April. Das Telefonieren ist nur mit Freisprechanlage erlaubt und es besteht Anschnallpflicht. Die Promillegrenze liegt in Litauen bei 0,4, in Lettland bei 0,5, in Estland bei 0,0.

MIT BAHN UND BUS

An das Bahnnetz sind im Baltikum nur die größeren Städte angeschlossen; die Verbindungen zwischen den Ländern sind schlecht oder nicht existent. Busse verkehren hingegen mindestens einmal täglich in jedes noch so entlegene Dorf (Fahrpläne und Ticketreservierung unter www.tpilet.ee, www.mobilly.lv und www.toks.lt).

MIT DEM SCHIFF

Alle größeren estnischen Inseln werden in relativ kurzen Abständen von Autofähren angesteuert (www.tuulelaevad.ee). Die Fähre von Klaipėda zur Kurischen Nehrung verkehrt etwa halbstündlich (www.keltas.lt).

SPORT & AKTIVITÄTEN

Die Möglichkeiten für Outdooraktivitäten sind in den dünn besiedelten baltischen Ländern mit ihrer noch weitgehend intakten Natur äußerst vielfältig, allerdings lässt die Infrastruktur häufig noch zu wünschen übrig und man muss viel selbst organisieren.

RADFAHREN

Das überwiegend flache Baltikum bietet sich für Radtouren geradezu an. Allerdings mangelt es noch an verlässlichen Radwanderkarten und ausgeschilderten Wegen – Ausnahmen bilden die Kurische Nehrung, der neue 200 km lange Küstenradweg in Litauen sowie in Estland die Umgebung von Pärnu und Tartu. Radler müssen häufig auf Landstraßen ausweichen, auf denen aber in der Regel nur wenig Verkehr herrscht. Räder verleihen die Informationszentren der Nationalparks sowie einige Hotels.

Fast alle Fluggesellschaften nehmen Räder gegen Aufpreis mit. Im Reiseland kann man Räder in Zügen und auf Fähren problemlos mitführen. In Bussen ist dies offiziell nicht möglich.

Routenvorschläge und Karten für die individuelle Tourenplanung im gesamten Baltikum hält das Netzwerk **BaltiCCycle** (www.balticcycle.eu) bereit. Regionale Radlerkarten bekommt man vor Ort in größeren Buchhandlungen und bei den nationalen Radsportverbänden. In Estland helfen die »Eesti Jalgrattakaart« (E. O. Map, Tallinn) und der »Travel Guide for Cyclists« (Regio Verlag, Tallinn) weiter, in Lettland die Karte »Latvijas Velomarsrutu« (Baltic Cycle). Litauens erste Radlerkarte heißt »Lietuvos ir Kaliningrado srities dviračių trasų žemėlapis« (Baltic Cycle). Experten in den einzelnen Ländern sind:

City Bike  b2
- Vene 33 | 10123 Tallinn
  Tel. 511 1819
  www.citybike.ee

Riga Bike Tours b3
- Riharda Vāgnera 14 | 1050 Rīga
  Tel. 2822 5773
  www.rigabiketours.com

Velo-City Vilnius a2
- Palangos 1/Pylimo 10 | 01117 Vilnius
  Tel. 6741 2123
  www.velovilnius.lt

»Optimist« auf dem Kurischen Haff

WANDERN

Wer sich Landschaften am liebsten erläuft, hat in der herrlichen Natur des Baltikums reichlich Gelegenheit dazu. Überregionale Wanderrouten existieren bislang nicht, die Nationalparks sind jedoch gut erschlossene Wandergebiete mit markierten Wegen, die sich für kurze Ausflüge oder Tagestouren anbieten › S. 42. Insbesondere in Estland wurden in vielen Hochmooren Holzbohlenwege angelegt, auf denen man diese faszinierenden Biotope trockenen Fußes erkunden kann. Ein neuer Trend ist das Moorschuhwandern › S. 12.

WASSERSPORT

Unzählige Wasserläufe und Seen kennzeichnen die Landschaft im Baltikum. Tret- und Ruderboote kann man im Sommer fast überall preiswert leihen. Organisierte Wildwasserfahrten mit dem Kanu werden in den Nationalparks, insbesondere im lettischen Gauja-Nationalpark > S. 43 angeboten. Die estnischen Küstengewässer sowie die Inseln Saaremaa und Hiumaa eignen sich hervorragend für Seekajaktouren. Allgemeine Infos und Adressen von Anbietern findet man auf den Webseiten der nationalen Fremdenverkehrsämter > S. 152.

Windsurfen konzentriert sich derzeit vor allem auf die Tourismushochburgen an der Küste. Ein beliebter Treffpunkt ist das ehemalige Olympiazentrum im Tallinner Vorort Pirita – zugleich Ausgangsbasis für Segeltörns in die estnische Inselwelt, die estnischen Jachthäfen sind unter www.sadamaregister.ee aufgeführt. Weitere Segelsportzentren sind die Kurische Nehrung, Rīga und Jūrmala. Litauen besitzt Jachtklubs in Klaipėda und Nida (www.lbs.lt). Die Webseiten www.marinas latvia.lv und www.seaclub.lv informieren über lettische Marinas.

ANGELN

In den meisten lettischen Flüssen und öffentlichen Seen darf jeder seine Rute auswerfen; für Privatseen braucht man die Erlaubnis des Besitzers. Vorgeschrieben ist eine Angelkarte, die etwa 5 € kostet und in Angel- und Jagdgeschäften sowie Postämtern erhältlich ist.

Auch in Litauen ist eine Genehmigung erforderlich; man erhält sie in größeren Angelfachgeschäften oder bei der nächstgelegenen Niederlassung des Jäger- und Fischerverbands.

In Estland ist das Angeln mit Schnur und Haken genehmigungsfrei. Nur wer einen Spinner benutzt, muss einen Angelschein beantragen.

Informationen über Angelgründe in Lettland: www.latvia.travel.lv, in Litauen: www.flyfishing.lt und in Estland: www.visitestonia.com.

VOGELBEOBACHTUNG

Die große Artenvielfalt lockt zahlreiche Vogelliebhaber. Estland hält derzeit den europäischen Rekord – an einem einzigen Tag wurden hier 190 verschiedene Spezies gesichtet. Die Inseln Saaremaa und Hiumaa sowie die Matsalu-Bucht sind Rastgebiete Hunderttausender Zugvögel. Unterkünfte, die Vogelbeobachtung anbieten, findet man unter www.maaturism.ee/de/eesti/Aktiv-Urlaub/Vogelbeobachtung. Reisen zur Vogelbeobachtung in Estland organisieren die Veranstalter Mare Baltikum Reisen > S. 33 und birdingtours (Kreuzmattenstr. 10a, 79423 Heitersheim, Tel. 07634/504 98 45, www.birdingtours.de).

REITEN

Es gibt eine Vielzahl von Reiterhöfen, die geführte Touren organisieren. Auch die Nationalparks führen Reitwanderungen durch > S. 43. Immer häufiger im Angebot sind Reiterferien auf dem Bauernhof – das Programm reicht von Reitunterricht über Ausritte zu mehrtägigen Touren. Adressen bekommt man u. a. bei den Verbänden für Urlaub auf dem Land (www.atostogos kaime.lt, www.celotajs.lv und www.maaturism.ee).

LEBENDIGE STEINE

Anita verkauft ihren Bernsteinschmuck zu Hause in Lettland und weltweit

Das weitläufige Gelände des Freilichtmuseums am Jugla-See nahe Rīga ist einer meiner Lieblingsorte im Baltikum. In einem historischen Holzgebäude präsentieren Kunsthandwerker ihre Arbeiten. Auch Anita bietet hier ihren Bernsteinschmuck an. »Eigentlich lebe ich in der Nähe von Liepāja, genau da, wo man die meisten Bernsteine in Lettland finden kann.« Nur in den Sommermonaten kommt die 70-Jährige nach Rīga, um ihre handgefertigten Stücke zu verkaufen, aber auch die ihres Schwiegersohnes und ihrer Nichte. Bereits ihr Vater hatte mit »dzintars«, Bernstein, zu tun, sie seit ihrem 9. Lebensjahr. »Bernstein hat mich in die Welt gebracht – zu Messen in China, Island oder woanders in Europa.« erzählt Anita. Wie zu Zeiten der Römer: Der Bernsteinhandel verband die baltischen Völker mit dem Rest der Welt. Kein Wunder, dass Bernstein vor allem in Litauen und Lettland große Bedeutung hat und seine Heilkräfte kaum angezweifelt werden, ob als Pulver auf offenen Wunden oder im Wasser gegen innere Beschwerden.

Anita wirkt zufrieden mit ihrem Leben, doch auf die Frage, wie sie es mit der gegenwärtigen Politik halte, weicht sie aus: »Ich arbeite zu viel, um darüber nachdenken zu können.« Typisch für viele Menschen im Baltikum, die trotz guter Ausbildung oft mehrere Jobs ausüben, um sich über Wasser halten zu können. Aber was ist schon Politik gegen ein Kunstwerk aus echtem Bernstein, denkt sich Anita wohl insgeheim. Und vielleicht hat sie ja recht.

- **Lettisches Ethnografisches Freilichtmuseum**
  Mehrtägiges Festival für zeitgenössisches Kunsthandwerk immer Anfang August! > S. 95

UNTERKUNFT

In den Hauptstädten und Urlaubsregionen gibt es Unterkünfte aller Preisklassen auf Westniveau. Verzeichnisse halten die Verkehrsämter bereit. Dünner wird die Auswahl abseits der touristischen Zentren.

Dort stößt man hin und wieder noch auf Unterkünfte, die den Gast direkt in die Sowjetzeit katapultieren. Meist allerdings auch zu moderaten Preisen.

Auf dem Land und an den Küsten sind Pensionen, Unterkünfte auf Bauernhöfen und Privatzimmer weit verbreitet. Die Ausstattung ist in der Regel gut, außerdem gibt es häufig hausgemachtes, landestypisches Essen.

In den Hauptstädten hat sich in der Kategorie der Luxushotels auch das Preisniveau westlichen Verhältnissen angenähert. Die genannten Preise gelten jeweils für zwei Personen im Doppelzimmer inklusive Frühstück.

In der Hauptsaison (Mitte Juni–Aug.) sollte man Unterkünfte vorausbuchen. Günstige Angebote findet man u. a. auf Hotelbuchungsportalen wie www.booking.com, www.hrs.de oder www.trivago.de.

PRIVATQUARTIERE

In Kleinstädten und auf dem Land ist das Angebot an Unterkünften teilweise noch begrenzt. Bed-&-Breakfast-Adressen und private Unterkünfte sind hier eine gute Alternative. Eine Übersicht über B-&-B-Adressen gibt die Webseite www.bedand breakfast.eu, auf der man auch Ferienwohnungen buchen kann. Sehr beliebt sind im Baltikum Plattformen für private Anbieter wie Airbnb (www.airbnb.de) oder Wimdu (www. wimdu.de). Und von der Möglichkeit, über www.couchsurfing.com Fremden kostenlos einen Übernachtungsplatz in den eigenen vier Wänden anzubieten, machen vor allem jüngere Menschen Gebrauch.

BAUERNHÖFE

Ein Urlaub auf dem Land ist besonders für Familien ideal. Viele Gastgeber bieten auch sportliche Aktivitäten wie Rad fahren, Wandern, Reiten, Paddeln, Angeln oder Vogelbeobachtung an. Adressen bekommt man bei den Verbänden für Landtourismus:

Estnischer Verband »Urlaub auf dem Land« (Eesti Maaturism)
- Vilmsi 53g | 10147 Tallinn
  Tel. 600 9999
  www.maaturism.ee

Lettischer Verband »Urlaub auf dem Land« (Lauku ce.lotāis)
- Kalnciema 40 | 1046 Rīga
  Tel. 6761 7600
  www.celotajs.lv

Litauischer Verband »Urlaub auf dem Land« (Lietuvos Kaimo Turizmo Asociacija)
- K. Donelaičio 2–201
  44213 Kaunas
  Tel. 3740 0354
  www.atostogoskaime.lt

CAMPING

Campingplätze sind im Baltikum mit einfachen Holzhütten ausgestattet, die man für etwa 10 € mieten kann. Die Lage der Plätze ist oft wunderschön. Hinsichtlich der Qualität gibt es allerdings große Unterschiede. Anschlüsse für Wohnmobile sind noch rar, sie werden aber verstärkt von Bauernhöfen angeboten. Außerhalb der Nationalparks ist wildes Campen im Baltikum erlaubt – sicherer ist es jedoch, den nächsten Bauern zu fragen, ob man auf seinem Grund zelten darf. Ein Verzeichnis aller Campingplätze ist auf der Webseite www.camping.info zu finden.

HOSTELS

Weder in Litauen noch in Lettland oder Estland gibt es derzeit einen Jugendherbergsverband. Deswegen macht der internationale Jugendherbergsausweis keinen Sinn.

Das Spektrum bei den vorhandenen Hostels reicht von gealterten Häusern mit dürftiger Ausstattung bis zu brandneuen Backpackerhotels mit Doppelzimmern und eigenem Bad. Entsprechend schwanken die Preise, die pro Person und Übernachtung zwischen 10 und 50 € liegen können. Eine Übersicht über die Hostels im Baltikum enthalten die bekannten Hotelbuchungsseiten. Außerdem bieten spezialisierte Seiten wie www.hostelworld.com die Möglichkeit einer Onlinebuchung an. Darüber hinaus informieren die jeweiligen Tourismusinformationen über Adressen vor Ort und helfen bei der Reservierung.

HISTORISCHE HOTELS

- Das Hotel **Stikliai** in der Altstadt von Vilnius verbirgt sich in einem Haus, das im 17./18. Jh. Gast- und Rasthof des Klerus war › S. 66.
- In einem Stadtpalast des 19. Jhs. verströmt das Hotel **Europa Royale** €€€ ▮ c3 in Rīga eine Atmosphäre dezenter Eleganz (Barona 12, Tel. 6707 9444, www.groupeuropa.com).
- Das **Michaelson Boutique Hotel** €€€ ▮ C8 in Klaipėda bietet höchsten Komfort in einem restaurierten Backsteingebäude (Žejų g. 18A, Tel. 4622 4413, http://hotelmichaelson.com).
- Die **Wooden Villa** €€€ ▮ D6 in Jūrmala ist in einer Holzvilla aus dem 19. Jh. untergebracht und nur wenige Schritte vom Strand entfernt (Jūras iela 53, Tel. 2562 8674, http://woodenvilla.lv).
- Der historische Gutshof **Ungurmuiža** €€ (Orellen) ▮ E5 aus dem 18. Jh. liegt idyllisch in einem Eichenwald etwa 15 km westlich von Cēsis (Tel. 2200 7332, http://ungurmuiza.lv).
- Das Boutiquehotel **The Three Sisters** in Tallinn vereint historische Architektur des 14. Jhs. mit zeitgenössischem Luxus › S. 124.
- Das **Pädaste Manor** auf der estnischen Insel Muhu ist ein feines, kleines Spa-Hotel in einem restaurierten Herrenhaus des 16. Jhs. – inmitten unberührter Natur › S. 136.

BIS ZUM KINN IM SCHLAMM

Schon die russischen Zaren reisten ins estnische Haapsalu, um Schlammbäder zu nehmen. Schattige Parks und die reizvolle Holzarchitektur machen den Charme des traditionsreichen Kurorts aus. Wie in Kuressaare und Pärnu wird hier seit den 1820er-Jahren Meeresschlamm zu Heilzwecken genutzt. Warme Schlammbäder sind nicht nur entspannend, sie wirken auch lindernd bei Hautkrankheiten und bei Erkrankungen des Bewegungsapparates.

Die ersten Spa-Hotels, die nach der Wende gebaut wurden, setzten einen pragmatisch medizinischen Schwerpunkt und waren eher Sanatorien als Wellnessoasen. Wen es jedoch nicht stört, beim Frühstück Gäste im Bademantel anzutreffen, kann hier den Luxus ungewöhnlich preiswerter Anwendungen genießen – eine halbstündige Massage kostet unter 30 €. Inzwischen haben immer mehr Hotels eröffnet, die bei nach wie vor günstigen Preisen westeuropäischen Standards entsprechen: ohne medizinischen Kurbetrieb, dafür aber mit einem Anwendungsprogramm, das von der Thalassotherapie bis zum Heubad jeden Wunsch erfüllt.

Georg Ots Spa Hotel ist der erste moderne Wellnesstempel westlicher Prägung auf der estnischen Insel Saaremaa. Direkt am Sandstrand von Kuressaare gelegen, verwöhnt es seine Gäste mit Massagen, Thalasso-Anwendungen und kosmetischen Behandlungen. **Pädaste Mõis,** ein estnisches Herrenhaus aus dem 17. Jh. auf der Insel Muhu, wurde zu einem exklusiven Wellnesshotel umgebaut. Die luxuriös ausgestatteten Zimmer, die exquisite Küche und das Freizeitangebot genügen höchsten Ansprüchen. Weitere estnische Wellnesshotels findet man unter www.visitestonia.com, die wichtigsten Behandlungsmethoden der estnischen Kurorte unter www.estonianspas.eu.

- **Georg Ots Spa Hotel** C4
  Tori 2 | 93810 Kuressaare
  Tel. 455 0000 | www.gospa.ee
- **Pädaste Mois** D4
  94716 Muhu
  Tel. 454 8800
  www.padaste.ee

AUFTANKEN IM DAY SPA

Erschöpft vom Kopfsteinpflastertreten in den baltischen Hauptstädten? Ein Besuch im Day Spa löst verspannte Muskeln und verspricht schnelle Regeneration.

In Tallinn wartet das **Olive Spa** auf gestresste Großstädter und Reisende. Eine 60-minütige Massage kostet hier 35 €. Darüber hinaus gibt es aber auch klassische Schönheitsbehandlungen. Etwas teurer ist es im **Elemis Spa.** Hier kostet eine 60-minütige Massage 70 €.

Mitten in der Altstadt von Rīga lockt das **Wellton Spa Centrum** mit Finnischer Sauna, Spa-Pool, Massagen und einer breiten Palette von Anwendungen.

- Olive Spa  D3
  Narva maantee 59
  10152 Tallinn
  Tel. 5556 5938
  http://olivespa.eu
  Mo–Fr 9–21, Sa 10–20, So 10–18 Uhr
- Elemis Spa b2
  Vene 9 (Telegraaf Hotel)
  10123 Tallinn | Tel. 600 0616
  www.telegraafhotel.com
  Mo–Do 12–20, Fr–So 10–20 Uhr
- Wellton Spa Centrum b3
  Kaleju 33 | 1050 Rīga
  Tel. 6713 0670
  www.wellton.com
  Tgl. 9–22 Uhr

WELLNESS AM WASSER

In Estland sind westliche Wellness-
konzepte am weitesten entwickelt,
doch auch die Kurorte der Nachbarländer knüpfen mit neuem Sinn für
Luxus an alte Traditionen an. In

Litauen lädt, inmitten herrlicher
Wälder gelegen, **Druskininkai**
› S. 78 mit Mineralquellen zu Bade-
und Trinkkuren ein. Reichlich Gelegenheit zu einer Meerwasser- und
Klimatherapie bieten die langen
Sandstrände **Palangas** › S. 79 und
der **Kurischen Nehrung** › S. 83. Auf
die Heilkraft des Meerwassers und
der mit Ionen angereicherten Luft
setzt auch das lettische **Jūrmala**
› S. 104. Wem die Ostsee zu kalt ist,
der kann sich zur Unterwasser-
massage in den beheizten Zuber
eines Spas begeben.

Kuraufenthalte in den baltischen
Staaten hat der Veranstalter **Mare
Baltikum Reisen** im Angebot:

- Mare Baltikum Reisen
  Eichenstr. 27
  20259 Hamburg
  Tel. 040/49 41 11
  www.mare-baltikum-reisen.de

Wellnesstempel mit Tradition in Pärnu

Alle fünf Jahre versammeln
sich in Rīga Zehntausende zum
lettischen Sängerfest

LAND & LEUTE

STECKBRIEF LITAUEN

- **Fläche:** 65 300 km²
- **Einwohner:** ca. 2,8 Mio.;
  86,7 % Litauer, 5,6 %
  Polen, 4,8 % Russen,
  1,3 % Weißrussen,
  0,7 % Ukrainer, 0,9 %
  andere
- **Bevölkerungsdichte:**
  44,2 Einw./km²
- **Bevölkerungswachstum:** −1,1 %
- **Hauptstadt:** Vilnius (554 000 Einw.)
- **Amtssprache:** Litauisch
- **Zeitzone:** Osteuropäische Zeit (MEZ plus
  1 Stunde)

- **Währung:** Euro (EUR)
- **Landesvorwahl:** 00370

POLITIK

Litauen ist eine parlamentarische Demokratie. Staatsoberhaupt ist seit 2009 die parteilose Dalia Grybauskaitė. Aus den Parlamentswahlen 2016 ging der Bund der Bauern und Grünen (LVŽS) als Sieger hervor. Er einigte sich mit der bisher regierenden Sozialdemokratischen Partei Litauens (LSDP) auf eine Koalition. Zum neuen Regierungschef wählte des Parlament den parteilosen Saulius Skvernelis.

WIRTSCHAFT

Mit fast 9 % Wachstum zählte Litauen 2007 zur Spitzengruppe innerhalb der EU. Infolge der Finanzkrise schrumpfte das BIP allerdings 2009 um fast 15 %, legte aber 2011 wieder um 5,9 % zu. 2015 wurde der Euro eingeführt. Im Jahr 2017 lag das Wachstum bei guten 3,8 %. Die Arbeitslosenquote sank 2017 auf 7,1 %

und das durchschnittliche Jahreseinkommen verharrte 2017 bei niedrigen 12 700 €.

Vorrangiges wirtschaftspolitisches Ziel war lange der Nachfolgebau des 2009 abgeschalteten russischen AKWs in Ignalina, der 2015 in Betrieb genommen werden sollte. Bei einer Volksabstimmung im Oktober 2012 entschied sich die Mehrheit der Litauer jedoch dagegen.

Exportiert werden in erster Linie Mineralölerzeugnisse, Maschinen, Elektrogeräte, Chemie- und Holzprodukte. Deutschland ist neben Russland und Lettland wichtigster Handelspartner.

RELIGION

Die große Mehrheit (77,2 %) der Bevölkerung ist katholisch; 4,1 % sind russisch-orthodox und 0,6 % gehören der evangelisch-lutherischen Kirche an.

STECKBRIEF LETTLAND

- **Fläche:** 64 573 km²
- **Einwohner:** ca. 1,9 Mio.; 62,2 % Letten, 25,2 % Russen, 3,2 % Weißrussen, 2,2 % Ukrainer, 2,1 % Polen, 1,2 % Litauer
- **Bevölkerungsdichte:** 30 Einw./km²
- **Bevölkerungswachstum:** −1,18 %
- **Hauptstadt:** Rīga (638 000 Einw.)
- **Amtssprache:** Lettisch
- **Zeitzone:** Osteuropäische Zeit (MEZ plus 1 Stunde)
- **Währung:** Euro (EUR)
- **Landesvorwahl:** 00371

POLITIK

Da es in Lettland nur kleine Parteien gibt, werden in der Regel Regierungskoalitionen gebildet, die Machtverhältnisse wechseln häufig. Staatsoberhaupt ist seit 2015 Präsident Raimonds Vējonis, Regierungschef seit 2016 Māris Kučinskis. Er gehört dem Bündnis der Grünen und Bauern an. Neben dem Ziel, wirtschaftlich Anschluss an die älteren EU-Staaten zu finden, ist die Integration der russischstämmigen Bevölkerung ein wichtiges Anliegen. Stärkste Partei im Parlament ist die sozialdemokratische Partei Saskaņa (»Harmonie«). Sie gehört aber nicht der Regierungskoalition an.

WIRTSCHAFT

Hatte nach der Wende die Einführung der Marktwirtschaft Vorrang, versucht man nun, das Wachstum auf westeuropäisches Niveau zu heben. Inzwischen hat Lettland die Wirtschaftskrise von 2008 überwunden. Der Euro wurde Anfang 2014 eingeführt. Die Inflationsrate lag 2017 bei 2,89 %. Zentrales Thema ist nach wie vor die gerechtere Verteilung des Wohlstands. Immerhin wurde seit der Wende mit Mindestlöhnen, Lohnfortzahlung im Krankheitsfall und Arbeitslosenunterstützung ein tragfähiges soziales Netz aufgebaut. Wichtigste Handelspartner sind Litauen, Deutschland, Estland, Finnland, Russland, Polen und Italien. Lettland exportiert vor allem Holz und Holzprodukte, Metallwaren und Textilien.

RELIGION

55 % der Letten sind Protestanten, 24 % Katholiken und 9 % gehören der russisch-orthodoxen Kirche an. Die katholische Bevölkerung lebt vor allem in der Region Lettgallen.

STECKBRIEF ESTLAND

- **Fläche:** 43 468 km²
- **Einwohner:** 1,3 Mio.;
  68,8 % Esten; 25,1 %
  Russen, 1,8 % Ukrainer,
  0,9 % Weißrussen,
  0,6 % Finnen,
  6,7 % andere
- **Bevölkerungsdichte:**
  30,3 Einw./km²
- **Bevölkerungswachstum:** +0,1 %
- **Hauptstadt:** Tallinn (423 000 Einw.)
- **Amtssprache:** Estnisch
- **Zeitzone:** Osteuropäische Zeit (MEZ plus
  1 Stunde)

- **Währung:** Euro (EUR)
- **Landesvorwahl:** 00372

POLITIK

Staatsoberhaupt ist seit Oktober 2016 Präsidentin Kersti Kaljulaid, Regierungschef seit einem Misstrauensvotum gegen den vorherigen Ministerpräsident Taavi Rõivas (Reformpartei) im November 2016 Jüri Ratas von der Zentrumspartei. Politisch bietet sich ein ähnliches Bild wie in Lettland – viele Parteien, viele Koalitionsmöglichkeiten und häufiger Machtwechsel. Dennoch gibt es Konstanzen: Alle Verantwortlichen bemühten sich um Stabilisierung der freien Marktwirtschaft und die politische Integration Estlands in den Westen. Mit der EU- und NATO-Mitgliedschaft sowie dem Beitritt zum Schengener Abkommen ist letzteres Ziel erreicht; zunehmend wird nun auch die Frage sozialer Gerechtigkeit ein Thema, ebenso wie die Integration der russischstämmigen Bevölkerung.

WIRTSCHAFT

Die wichtigsten Wirtschaftszweige sind Finanzdienstleistungen, Transportwesen, Informationstechnologie, Telekommunikation, Tourismus und Handel sowie die Immobilien- und Baubranche. Seit der Einführung des Euro 2011 nehmen Export und Investitionen wieder zu, die Arbeitslosigkeit ist mit 5,7 % (Stand 2017) niedriger als in den Jahren zuvor. Sorgen bereitet die Abwanderung qualifizierter Kräfte. Exportiert werden v. a. Maschinen, Holz und Textilien. Finnland, Schweden, Russland und Deutschland sind die wichtigsten Handelspartner.

RELIGION

Nur 30 % der Esten gehören einer Kirche an: Etwa 4 % bekennen sich zum evangelisch-lutherischen, 13 % zum russisch-orthodoxen Glauben, 3 % sind Baptisten und Katholiken.

GESCHICHTE IM ÜBERBLICK

4000 v. Chr. Finno-ugrische Völker wandern ins Gebiet des heutigen Estland ein.

2500 v. Chr. Indogermanische Stämme besiedeln das Gebiet des heutigen Lettland und Litauen.

100−600 n. Chr. Der Bernsteinhandel mit dem Mittelmeerraum erlebt eine Blüte, Raubzüge der Wikinger an die Ostseeküste.

1180 Kaufleute der Hanse errichten Handelsposten im Baltikum.

1200 Kreuzfahrerheere landen an der Daugava.

1201 Der Bremer Bischof Albert von Buxhoeveden gründet Rīga.

1202 Gründung des Schwertbrüderordens zur Missionierung des heutigen Estland und Lettland.

1219−27 Bischof Albert ruft die Dänen zu Hilfe, die die Festung Reval (heute Tallinn) errichten.

1236 Bei Šiauliai schlagen die Litauer die Kreuzritter und entgehen so der deutschen Besatzung.

1250 Fürst Mindaugas eint die litauischen Stämme, lässt sich aus taktischen Gründen taufen und wird mit päpstlichem Segen König.

1386 Union Litauens mit Polen. Das Land wird zu einer europäischen Großmacht.

1410 Der Deutsche Orden wird von Polen-Litauen vernichtend geschlagen.

Ab 1523 Reformation in Rīga, Reval und Tartu.

1558−82 Mit dem Großangriff Iwans des Schrecklichen beginnt der livländische Krieg, der den Zerfall des Ordensstaats einleitet. Nordestland und Reval werden schwedisch. Dänemark erwirbt Saaremaa und einen Teil Westkurlands; Livland schließt sich Polen an.

1600−29 Polnisch-schwedischer Krieg; Estland und weite Teile Lettlands geraten unter schwedische Herrschaft.

1710 Beginn der Zarenzeit im Baltikum, die 200 Jahre andauert.

1816−19 In Estland, Kurland und Livland wird die Leibeigenschaft aufgehoben.

1869 Erstes estnisches Sängerfest in Tartu; vier Jahre später erstes lettisches Sängerfest in Rīga.

1905 Die russische Revolution greift auf das Baltikum über.

1917/18 Estland, Lettland und Litauen erklären ihre Unabhängigkeit.

1922 Aufnahme der baltischen Staaten in den Völkerbund.

1939 Hitler-Stalin-Pakt; das Baltikum wird in einem geheimen Zusatzprotokoll der Sowjetunion überlassen. Umsiedlung der Deutschbalten.

1940 Die Rote Armee besetzt das Baltikum; Annexion Estlands, Lettlands und Litauens als Sowjetrepubliken. Massendeportationen nach Sibirien.

1941−44 Deutsche Besatzung; Massenmord an der jüdischen Bevölkerung.

1944 Rückkehr der Roten Armee.

1945−56 Zwangskollektivierung der Landwirtschaft und Russifizierung; Verschleppung von 200 000 Balten nach Sibirien.

1986 In verschiedenen Umweltbewegungen wird die Forderung nach Unabhängigkeit laut.

1987 Erste öffentliche Proteste gegen die Besatzer.

1989 Am 23. August wird eine 600 km lange Menschenkette von Tallinn nach Vilnius gebildet.

1990 Litauen erklärt seine Unabhängigkeit.

1991 Estland und Lettland erklären ihre Unabhängigkeit. Am 6. Sept. Anerkennung der drei baltischen Republiken durch die Sowjetunion; am 17. Sept. Aufnahme in die UNO. Rund 1,5 Mio. Russen bleiben im Baltikum.

1993–99 Die sowjetischen Truppen ziehen ab.

2004 Beitritt der baltischen Staaten zu NATO und EU.

2007 Beitritt der baltischen Staaten zum Schengener Abkommen.

2009 Vilnius ist Europäische Kulturhauptstadt.

2011 Tallinn ist Europäische Kulturhauptstadt.

2012 Bei einem Referendum in Litauen stimmt eine große Mehrheit gegen den geplanten Nachfolgebau des 2009 abgeschalteten AKWs in Ignalina. Die Pläne hierfür werden daraufhin von den drei baltischen Regierungen ad acta gelegt.

2014 Riga ist Europäische Kulturhauptstadt.

2016 Die Nato beschließt die Stationierung von 4000 Soldaten in Polen und den drei baltischen Staaten. Estland, Lettland und Litauen beginnen, Zäune entlang der Grenze zu Russland errichten.

2018 Die baltischen Länder feiern mit zahlreichen Veranstaltungen den 100. Geburtstag ihrer Unabhängigkeit. Höhepunkte sind die Feierlichkeiten am jeweiligen Unabhängigkeitstag: In Litauen am 16. Februar, in Estland am 24. Februar und in Lettland am 18. November. Außerdem wird das lettische Liederfest zum 26. Mal ausgetragen.

NATUR & UMWELT

Das Baltikum verdankt sein Landschaftsbild der letzten Eiszeit: Die abschmelzenden Gletscher hinterließen sanfte Moränenhügel, Findlingsfelder und malerische Seen, deren größter, der Peipus-See, in Estland liegt.

Die starke Inlandsvereisung brachte es mit sich, dass es so gut wie keine nennenswerten Erhebungen gibt: Der höchste Berg des Baltikums, der estnische Suur Munamägi, bringt es gerade einmal auf 318 m. Hunderte von Flüssen durchziehen die Region; der bedeutendste ist die Daugava, der geschichtsträchtigste der Nemunas und der schönste die Gauja mit ihrem herrlichen Urstromtal. Neben den Seen und Flüssen bilden vor allem die vielen Moore und urwüchsigen Wälder prägende Landschaftselemente.

Zu den eigentümlichsten Küstenregionen gehört die Kurische Nehrung in Litauen mit ihren gigantischen Wanderdünen. Endlose Sandstrände mit unterschiedlich breiten Dünengürteln säumen die lettische Ostseeküste. Die estnische Küste ist überwiegend stark zerklüftet; sie birgt einsame Buchten mit malerischen Fischerdörfern, denen eine schärenartige Inselwelt vorgelagert ist. Im Norden fallen die Kalkwände der Glintküste senkrecht ins Meer ab.

Ein gutes Drittel des Staatsgebietes bedecken dichte Forste, deren Beeren- und Pilzreichtum sprichwörtlich ist. Außer Rothirschen, Rehwild und Wildschweinen sind

Auch der seltene Frauenschuh ist im Baltikum noch anzutreffen

hier auch bedrohte Tierarten wie Elche, Wölfe, Luchse und Braunbären zu Hause. An den Ufern der fischreichen Gewässer leben Biber und Fischotter. Das Baltikum ist ein Vogelparadies: Mehr als 400 Arten werden hier im Sommer gezählt, darunter Kraniche, Moorhühner, Schnepfen, Kiebitze und der seltene Goldregenpfeifer. In Lettland brütet Europas größte Weißstorchpopulation.

Das Idyll trügt jedoch zuweilen: Die sowjetische Besatzung hat große Umweltprobleme hinterlassen. So hing im litauischen Ignalina ein Atomreaktor vom Typ Tschernobyl am Netz – in unmittelbarer Nachbarschaft zum größten Nationalpark des Landes. Er wurde 2009 endgültig abgeschaltet, das umstrittene Projekt eines neuen Atomkraftwerks in Visagina ließ die Regierung 2012 fallen, nachdem sich bei einem Referendum die Mehrheit der Wähler dagegen ausgesprochen hatte. In Lettland verhinderte die ökologische Bewegung den Bau eines Wasserkraftwerks. Der Ölschiefer- und Phosphorabbau hat in Estland starke Luftverschmutzung und gravierende Waldschäden verursacht. Er wurde nach der Unabhängigkeit reduziert, aber nicht völlig gestoppt. Auch das Meer ist nicht an allen Abschnitten der baltischen Küste so sauber, wie man es sich wünschen würde.

Das Umweltbewusstsein der Balten ist dennoch hoch entwickelt: So pflanzten z. B. die Esten zur Feier ihres EU-Beitritts über das Land verteilt 1 Mio. Bäume. Selbst die Unabhängigkeitsbewegung entstand zunächst aus ökologischen Initiativen. Umweltgesetze reglementieren heute die Holzwirtschaft, mit der viel Geld verdient wird. Sie sollen nicht nur die Nachhaltigkeit dieses Wirtschaftszweigs sichern, sondern auch die Natur schützen.

DER NATUR AUF DER SPUR

Die Natur des Baltikums ist nahezu unberührt. Damit das so bleibt, wurden große Flächen in Nationalparks unter Schutz gestellt. An der Küste locken steile Klippen, endlose Sandstrände und die höchsten Dünen Europas; im Landesinneren erwarten den Besucher Hochmoore, Sumpfgebiete und dichte Wälder. Malerische Seenplatten und tiefe Flusstäler setzen Akzente in einer weiten, flachen Landschaft, in der verstreut einsame Gehöfte und prächtige Herrenhäuser liegen.

GESCHICHTE IN DER NATUR ERLEBEN

Der **Aukštaitija-Nationalpark** im Nordosten Litauens wurde 1974 gegründet, um den Bau des Atomkraftwerks im benachbarten Igna-lina zu verhindern. Das 30 000 ha große Areal schützt eine intakte Landschaft aus Wald, Marschen und Wiesen, 30 Flüssen und der größten Seenplatte des Baltikums. Auf seinem Gebiet liegen rund 80 Dörfer und Weiler, von denen viele ihre traditionelle Holzarchitektur bewahrt haben. Sie geben einen Eindruck davon, wie das Leben der Landbevölkerung hier seit alters her verläuft. Bei der Parkverwaltung kann man Räder und Boote mieten; sie bietet auch geführte Wanderungen und Kanutouren an.

- **Aukštaitija-Nationalpark** 📖 F8
  Auch Vermittlung privater Zimmer in den Dörfern des Nationalparks oder schlichten Holzhäuschen auf Campingplätzen.
  Lūšių 16 | 30202 Palūšė
  Tel. 3865 3135 | www.aparkai.lt

Wohnen in der Abgeschiedenheit des litauischen Aukštaitija-Nationalparks

- **Zuvedra** €€ 🏴 F8
  Kleines Hotel mit 10 Zimmern am Ufer des Paplovinis-Sees. Sauna, eigenes Restaurant.
  Mokyklos 11 | 30119 Ignalina
  Tel. 3865 2314
  www.zuvedra.com

STROMSCHNELLEN UND BIZARRE FELSKLIPPEN

Lettlands schönster Fluss, die Gauja, hat ein Urstromtal mit tiefen Schluchten und steilen Sandsteinfelsen ausgeformt, das einzigartige Naturerlebnisse bietet. Es liegt eingebettet in urwüchsige Wälder mit einer reichen Tier- und Pflanzenwelt. Der **Gauja-Nationalpark** › S. 113 ist ein Paradies für Wasserwanderer, lässt sich aber auch zu Fuß, zu Pferd oder per Rad erkunden. Geführte Exkursionen organisiert das Besucherzentrum in Sigulda, dort erhält man auch Tourenvorschläge und Auskunft über Boots- und Fahrradverleihe.

- **Gauja-Nationalpark** 🏴 E6
  Turaidas 2a | 2150 Sigulda
  Tel. 6130 3030
  www.entergauja.com

VERTRÄUMTE BUCHTEN UND FINDLINGE

40 km östlich von Tallinn beginnt eine Märchenlandschaft aus schroffer Küste, Kiefernwäldern, Mooren und Seen. Im **Lahemaa-Nationalpark** › S. 138 sind Seeadler, Luchse und Braunbären zu Hause. Vom Dorf Käsmu aus führt ein Lehrpfad durch Estlands größtes Findlingsfeld; bei Oandu und beim Gutshof Sagadi wurden Waldlehrpfade angelegt; ein knapp 3 km langer Bohlenweg erschließt das Viru-Hochmoor. Radwege beginnen in Käsmu und Oandu. Das Besucherzentrum in Palmse bietet Karten, Führungen und einen Fahrradverleih.

Reitausflüge in den Lahemaa-Nationalpark hat der **Reiterhof Kuusekännu** im Programm.

- **Lahemaa-Nationalpark** 🏴 E2
  Gutshof Palmse
  Lääne-Virumaa | 45435 Palmse
  Tel. 329 5555
  http://loodusegakoos.ee
- **Reiterhof Kuusekännu** 🏴 E3
  Lääne-Virumaa | 45202 Kadrina
  Tel. 509 4460
  www.kuusekannuratsatalu.ee

HEIDEFLÄCHEN UND EINSAME HOCHMOORE

Neben den Bruchwäldern und den Auenwiesen sind die Heideflächen und die Moorgebiete typisch für den **Soomaa-Nationalpark.** Beim Besucherzentrum starten markierte Lehrpfade. Geführte Wanderungen, Kanufahrten und Ausflüge zum Pilze- oder Beerensammeln im Nationalpark sind z. B. über den Veranstalter **Soomaa.com** buchbar. Ein besonderes Erlebnis sind die Saunawanderungen zu schwimmenden Saunen auf Booten mit wechselnden Standorten.

- **Soomaa-Nationalpark** 🏴 E4
  71211 Tipu (in Dorfnähe im Wald)
  Tel. 435 7164
  http://loodusegakoos.ee
- **Soomaa.com**
  Mobil-Tel. 506 1896 (Aivar Ruukel)
  oder 514 7572 (Algis Martsoo)
  info@soomaa.com | www.soomaa.com

DIE MENSCHEN

Begeistert sind die Esten, Letten und Litauer nicht, wenn man sie als Balten bezeichnet. Obwohl sie Nachbarn sind, haben sie keine gemeinsame Geschichte und gehören in ganz unterschiedliche ethnische, sprachliche und kulturelle Zusammenhänge.

Auch hinsichtlich der Religion lassen sich die drei Länder, die als letzte Völker Europas zum Christentums bekehrt wurden, nicht über einen Kamm scheren. Während Estland und Lettland protestantisch geprägt sind, bekennt sich ein Großteil der Litauer zum katholischen Glauben. Die Religion hat dort im Alltag der Bevölkerung einen hohen Stellenwert.

Doch bei allem Trennenden vereint ein Umstand die drei Staaten: Von jeher den Machtgelüsten starker Nachbarn ausgesetzt, waren sie fast 50 Jahre lang Sowjetrepubliken. Die Supermacht regierte mit eiserner Hand. Zigtausende Balten wurden nach Sibirien verschleppt und die Opposition systematisch unterdrückt. Die politische Entwicklung des 20. Jhs. – die Massendeportationen nach Sibirien ab 1941, die Auswanderungswelle nach dem Zweiten Weltkrieg und die Verschleppung zur Sowjetzeit – haben die Bevölkerungsstruktur der baltischen Republiken stark beeinflusst.

Das Mittsommerfest ist fester Bestandteil der Kultur im Baltikum

Deutsche gibt es heute kaum noch, obwohl sie die Region maßgeblich prägten: Im 13. Jh. errichteten deutsche Kreuzritter im heutigen Estland und Lettland einen Ordensstaat. Daraus ging eine deutschbaltische Oberschicht hervor, die sich ihre Privilegien bis in die Zarenzeit erhalten konnte. Nach dem Ersten Weltkrieg wurden alle deutschen Großgrundbesitzer enteignet. Die 700-jährige Geschichte der Deutschen im Baltikum endete 1939 mit dem Hitler-Stalin-Pakt und Hitlers Parole »Heim ins Reich«. Die baltischen Staaten wurden der Sowjetunion zur »territorial-politischen Umgestaltung« überlassen und alle Deutschen nach Westen umgesiedelt.

Um die annektierten Gebiete gleichzuschalten, siedelte Moskau ab 1944 in den baltischen Industriezentren massenhaft Sowjetbürger an, sodass die Letten heute im eigenen Land nur knapp die Mehrheit stellen. In Estland haben etwa 25 % der Bevölkerung russische Wurzeln. Einzig in Litauen besitzen fast alle Einwohner einen litauischen Pass – eine Folge der vergleichsweise geringen Industrialisierung. Trotz der deutschen Verbrechen im Zweiten Weltkrieg, hat die als größeres Übel empfundene Sowjetzeit viele schlechte Erinnerungen überlagert. Im Baltikum schlägt man den historischen Bogen heute etwas weiter zurück und knüpft lieber an die alte Verbindung nach Deutschland an als an die jüngere nach Russland.

KUNST & KULTUR

Über Jahrhunderte fremdbestimmt, entwickelten die baltischen Staaten erst im 19. Jh. eine eigene Identität. Die geografische Lage zwischen Ost und West und die ethnische Vielfalt haben ihre Kultur in allen Bereichen geprägt – am augenfälligsten wird das an der Architektur der Städte.

Dass die Balten als letzte europäische Völker zum Christentum fanden, bedeutet auch, dass vorchristliche Mythen und Gesänge hier lebendiger blieben als anderswo. Noch während der Sowjetzeit stellte diese mündliche Überlieferung eine Gegenwelt dar, in die man sich aus dem sozialistischen Alltag flüchtete.

MUSIK VON KLASSIK BIS POP

Musik ist den Balten so wichtig wie die Luft zum Atmen. Entsprechend viele baltische Tonkünstler haben es auf die Bühnen der Welt geschafft – vor allem im Bereich der Klassik.

Wichtigster zeitgenössischer Komponist ist **Arvo Pärt** (geb. 1935), der die ersten estnischen Zwölftonstücke schrieb und sich später der sakralen Musik zuwandte. Probleme mit dem Kulturdiktat der Sowjets bewogen ihn zur Ausreise; seit 2010 lebt Pärt wieder in Estland. Sein Landsmann **Erkki-Sven Tüür** (geb. 1959) begann als Autodidakt und Rockmusiker. In seinen Werken kombiniert er Rockelemente mit Klassik und Volksmusik.

Berühmtester baltischer Musiker ist der aus Rīga stammende Violinist **Gidon Kremer** (geb. 1947). Als international gefeierter Star gewährte ihm die Sowjetunion 1977 uneingeschränkte Reisefreiheit. 1997 gründete Kremer mit jungen Talenten aus den baltischen Staaten das Kammerorchester »Kremerata Baltica«, das in der gesamten Welt viel beachtete Gastspiele gibt.

Die estnischen Zwillingsschwestern **Anu** und **Kadri Tali** (geb. 1972) gründeten 1997 das **Nordic Symphony Orchestra**. Anu dirigiert die Musiker aus 15 Nationen, Kadri ist Managerin. Das Orchester spielt in der ganzen Welt, aber auch in der estnischen Konzerthalle in Tallinn, und hat diverse CDs eingespielt, u. a. auch mit Werken von Erkki-Sven Tüür.

Zu den großen Namen des Jazz zählen der Gitarrist **Juozas Milašius** aus Litauen und die estnische Sängerin und Komponistin **Hedvig Hanson,** die ihre Klangwelten zweisprachig errichtet. Natürlich gibt es im Baltikum auch noch Popmusik: **Tanel Padar** und **Dave Benton** gewannen 2001 den Grand Prix d'Eurovision für Estland. **Marie N.,** studierte Juristin aus Rīga, siegte 2002 mit einer Eigenkomposition. Auch die erfolgreiche lettische Popgruppe **Brainstorm** verdiente sich beim Europäischen Schlagerwettbewerb Lorbeeren.

LITERATUR

Nach der Eingliederung ins Sowjetreich unterlag die baltische Literatur zunächst einer rigiden Zensur, die viele Autoren ins Exil trieb. Andere wichen auf Lyrik aus, die von der Obrigkeit weitgehend ignoriert wurde. Die Romane des Litauers **Jurgis Kuncinas** (1947–2002) waren in seiner Heimat verboten; im Ausland fand jedoch besonders »Mobile Röntgenstationen« (Athena-Verlag, 2002) große Beachtung. Anderen Autoren gelang die Gratwanderung: Der Este **Jaan Kross** (1920–2007) gilt als bedeutendster zeitgenössischer Schriftsteller. Seine historischen Romane (allen voran »Der Verrückte des Zaren«, dtv, 2003) haben auch in Deutschland ein breites Publikum gefunden.

Zu den wichtigen jüngeren Autoren zählte die in Vilnius geborene **Jurga Ivanauskaitė** (1961–2007). Ihr erotische Szenen schildernder Roman »Die Regenhexe« (dtv, 2004) sorgte 1993 im katholischen Litauen für einen literarischen Skandal. An Tabus rührte auch **Dace Rukšāne** (geb. 1969 in Rīga) mit ihrem Erstlingswerk »Romanze«. Ihr dritter Roman »Warum hast Du geweint« (Ammann, 2007) ist auch auf Deutsch erschienen. Als große Begabung gilt **Renata Serelyte** (geb. 1970 in Vilnius), die 1997 mit »Sterne der Eiszeit« (Rowohlt, 2002) debütierte. 2010 folgte »Blaubarts Kinder«.

ARCHITEKTUR

Vereinfacht lässt sich sagen, dass in Lettland und Estland die hanseatische Backsteingotik dominiert; im katholischen Litauen hingegen der Barock. Dessen bedeutendste Schöpfungen sind dem Petersburger Hofarchitekten **Bartolomeo Francesco Rastrelli** (1700–1771) zu verdanken › S. 109. Rīga besitzt zudem einen in Europa einzigartigen Schatz an Jugendstilbauten. **Michael Eisenstein** (1867–1921) ist in dieser Stilepoche als herausragender Architekt zu nennen › S. 89, 94. Tallinn zählt mittlerweile auch eine Handvoll gläserner Türme zu seiner Skyline; so schafft etwa die kantige Silhouette des Radisson Blu Hotel einen starken Kontrast zu den schweren mittelalterlichen Mauern und den schlanken Kirchtürmen der Altstadt.

In Litauen dominieren Katholiken und Barock wie hier in der Heiliggeistkirche in Vilnius

BILDENDE KUNST

Der Aufbruch nach der Unabhängigkeit hat eine junge Künstlergeneration geradezu beflügelt. Aber Kunst kostet Geld, und daran fehlt es in den baltischen Ländern. Entsprechend wenige Sammler und Galerien gibt es, und auch der Staat kann sich für die Förderung der Künste kaum engagieren. Das führte nach erster Begeisterung über die neue Freiheit vielerorts zur Ernüchterung. Langsam entstehen neue Foren. Vilnius besitzt mit dem **Contemporary Arts Centre (CAC)** › S. 64 das wichtigste baltische Zentrum für zeitgenössische Kunst. Und die litauische **Nationalgalerie für Moderne Kunst** (www.ndg.lt) möchte nach dem Vorbild des **Museums für Moderne Kunst (KUMU)** › S. 121 und der **Kunsthalle** (www.kunstihoone.ee) in Tallinn auch Gegenwartskünstlern die Möglichkeit bieten, sich in Rahmen von Wechselausstellungen zu präsentieren.

Zu den bedeutendsten Vertretern der Vergangenheit zählen in Lettland der Landschaftsmaler **Vilhelms Purvītis** (1872–1945) und der Hauptvertreter des Jugendstils **Jānis Rozentāls** (1866–1916), der standesgemäß in der Albertstraße in Rīga lebte und arbeitete. Der Bildhauer **Kārlis Zāle** (1888–1942) entwarf u. a. das Freiheitsdenkmal in Rīga › S. 93.

Mikalojus Konstantinas Čiurlionis, 1875 im litauischen Varėna geboren, hob als Maler und Musiker die Grenzen zwischen den Künsten auf. Seine Bilder komponierte er nach musikalischen Gesetzen. Als er 1911 mit bloß 35 Jahren starb, hinterließ er 300 Gemälde. Sein Werk ist in dem nach ihm benannten Nationalmuseum in Kaunas ausgestellt › S. 76.

VOLKSSPORT SINGEN

Dass der Grand Prix zweimal hintereinander im Baltikum stattfand – 2002 in Tallinn, 2003 in Rīga – ist kein Zufall: Ein Leben ohne Musik kann sich hier niemand vorstellen. Chorgesänge und Lieder sind ein wichtiger Bestandteil der Volkskultur. Schon lange vor der »singenden Revolution« in den 1990er-Jahren halfen sie den baltischen Völkern, ihre nationale Identität zu bewahren.

LIEDGUTPFLEGE UNTER FREIEM HIMMEL

Die größten Chöre der Welt kommen anlässlich der **Sängerfeste** zusammen. 1869 fand das erste in Estland statt, die Nachbarländer zogen bald nach. Bis heute sind die Sängerfeste nationale Ereignisse, zu denen Exilbalten aus aller Welt anreisen. Tagelang singen Chöre überall in der Stadt – oder versammeln sich in den großen Arenen. 30 000 Sänger fasst etwa die Bühne in Vilnius. Die alle vier bis fünf Jahre stattfindenden Sängerfeste zählen zum UNESCO-Weltkulturerbe.

Das nächste Sängerfest findet 2019 in Estland statt. Sonderreisen zu den Events veranstaltet **Schnieder Reisen** (Tel. 040/380 20 60, www.baltikum24.de).

OPERNHIGHLIGHTS ZUM SPARTARIF

Das Niveau ist hoch, die Preise niedrig: Wo sonst kann man für 5–15 € hochkarätige Aufführungen sehen? Das schönste und renommierteste Opernhaus des Baltikums besitzt Rīga – von Kennern wird es mit der berühmten Moskauer Bolschoitheater gleichgesetzt.

- **Lettische Nationaloper** 📙 c3
  Aspazijas bulv. 3 | 1050 Rīga
  Kartenbestellung Mo–Sa 10–19,
  So 11–19 Uhr unter Tel. 6707 3777 oder
  boxoffice@opera.lv | www.opera.lv
- **Estnische Nationaloper** 📙 c3
  Estonia pst. 4 | 10148 Tallinn
  Vorverkauf tgl. 11–19 Uhr,
  Kartenbestellung tgl. 10–18 Uhr
  unter Tel. 683 1210 oder www.piletimaa
  ilm.com | www.opera.ee
- **Litauische Nationaloper** 📙 a1
  A. Vienuolio 1 | 01104 Vilnius
  Vorverkauf Mo–Fr 10–19, Sa bis 18.30,
  So bis 15 Uhr. Kartenbestellung unter
  Tel. 6155 1000 und 5262 0727 oder
  info@opera.lt | www.opera.lt

FESTIVALS VON KLASSIK BIS JAZZ

Der baltische Sommer gehört der Musik: Prominent besetzte **Opernfestivals** finden im Juni in Rīga (www.opera.lv) und Ende Juli in Kuressaare statt. An Liebhaber klassischer Musik wendet sich auch das **Thomas-Mann-Festival** im Juli auf der Kurischen Nehrung (www.thomas-mann-haus.de). **Festivals klassischer Musik** (www.filharmonija.lt) werden zudem im Juni in Vilnius sowie im August in Klaipėda veranstaltet. Die Operntage auf der estnischen Insel Saaremaa sind das populärste Opernfestival im Baltikum. **Festivals für Alte Musik** kann man

Die baltischen Sängerfeste drücken die eigene nationale Identität aus

im Juli im Barockschloss Rundāle, in Rīga, in der Burgruine von Bauska sowie in Viljandi im Süden Estlands (www.vivamu.ee) besuchen.

Im Frühling ist das **Internationale Jazzfestival** in Tallinn (www.jazz kaar.ee) ein beliebter Treffpunkt von Musikfreunden. Weitere **Jazzfestivals** finden im Juni in Klaipėda (www.jazz.lt) und Ende Juli in Saulkrasti (www.saulkrastijazz.lv) statt. Zum **Internationalen Jazzfestival** in Vilnius (www.vilniusjazz.lt) im Herbst reisen Fans aus der gesamten Region an.

ORCHESTERMUSIK AUF WELTNIVEAU

Baltische Dirigenten und Orchester genießen weltweit Anerkennung: In der Philharmonie in Vilnius sind das **Litauische Symphonieorchester,** das **Kammerorchester** und das **Čiurlionis-Streichquartett** zu Hause.

Das renommierte **Lettische Symphonieorchester** erfüllt die Konzerthalle der Großen Gilde in Rīga mit Wohlklang. Die **Sinfonietta Rīga** spielt Werke zeitgenössischer lettischer Komponisten, aber auch Barockmusik und Wiener Klassik. Das **Estnische Symphonieorchester** hat seinen Stammsitz im Opern- und Konzerthaus Estonia in Tallinn.

- Litauische Philharmonie b3
  Aušros Vartų 5 | 01305 Vilnius
  Tel. 5266 5233 | www.filharmonija.lt
- Lettisches
  Symphonieorchester b2
  Amatu 6 | 1050 Rīga
  Tel. 6721 3643 | www.lnso.lv
- Rīgaer Kammerorchester
  Sinfonietta Rīga c4
  Maskavas 4/1 | 1050 Rīga
  Tel. 6721 5018 | www.sinfoniettariga.lv
- Estnisches Symphonieorchester c3
  Estonia pst. 4 | 10143 Tallinn
  Tel. 614 7765 | www.erso.ee

FESTE & VERANSTALTUNGEN

Den ganzen Sommer über finden im Baltikum Musikfestivals statt. Die wichtigsten sind im Special auf S. 48 aufgeführt. Auf zahlreichen anderen Festen wird der wiedererlangten Freiheit gedacht, ein Schutzheiliger gefeiert und an heidnische Bräuche erinnert. Das wichtigste Ereignis des Jahres ist ohne Frage das Johannisfest zur Sommersonnenwende.

März: Kasimirtag, Volksfest in Vilnius zu Ehren des litauischen Schutzpatrons (um den 4. März).

Mai: Internationales Folklorefestival in den Höfen der Altstadt von Vilnius (Ende Mai, www.etno.lt).

Juni: Baltisches Mittelalterfestival in Cēsis (Mitte Juni, www.cesis.lv). Das internationale Folklorefestival **Baltica** findet jedes Jahr in einem anderen der drei baltischen Staaten statt (Mitte Juni, www.festivalbaltica.com). **Johannisfest** (24. Juni): Die Mittsommernacht wird im ganzen Baltikum mit Sonnwendfeuern, Tanz und speziellen Speisen gefeiert; stimmungsvolle öffentliche Feiern finden zu diesem Anlass in den Freilichtmuseen und an archäologischen Fundorten wie dem litauischen Kernavė statt. Besonders eindrucksvoll sind die langen Sonnenuntergänge an der Ostseeküste, etwa im litauischen Palanga.

Juli: Große **Sängerfeste** (Anf. Juli; > S. 48); **Biersommer** (»Ollesummer«) in Tallinn: Das größte Bierfest des Nordens (1. Julihälfte); **Mittelalterliche Markttage** in Tallinn, Präsentation alter Handwerkstechniken auf dem Rathausplatz (1. Julihälfte); Meeresfestival **Baltic Sail** in Klaipėda: Wassersport, Segelregatten und Konzerte (Ende Juli); **Hansetage** in Tartu mit Ritterspielen (Mitte Juli, www.hansapaevad.ee), **Positivus Festival** in Salacgrīva: Indie-, Pop-, Folk- und Electronic-Musik.

August: Das **Fest der Weißen Dame** in der Burg von Haapsalu beschwört Estlands berühmtesten Geist (1. Augustwochenende). **Markt für aktuelles Kunsthandwerk** im Lettischen Freilichtmuseum bei Rīga (Anf. Aug.). **Wikingertage** in Kāsmu (Anf. Aug.); **Hafenfesttage** in Kuressaare auf Saaremaa mit maritimen Wettbewerben (2. Augustwochenende); **Fest mittelalterlicher Handwerkskunst** in Nida, Litauen.

September: Internationale Stadtfesttage in Vilnius: Musik, Ausstellungen und Handwerkermarkt auf dem Rathausplatz (www.vilniusfestivals.lt); **Pilzfestival** in Varėna mit Sammelwettbewerb und Volksfest in der Stadt.

Oktober: Musikfestival Gaida in Vilnius mit zeitgenössischer klassischer Musik aus Mittel- und Osteuropa (www.vilniusfestivals.lt); Internationales Jazzfestival **Vilnius City Jazz** (www.vilniusjazz.lt).

November: Filmfestival »**Schwarze Nächte**« in Tallinn (Mitte Nov.–Mitte Dez., www.poff.ee); **Arēna New Music Festival** in Rīga mit zeitgenössischer Musik vorwiegend lettischer Komponisten (www.arenafest.lv), Lichterfestival »**Staro Rīga**« (www.staroriga.lv).

Dezember: Erste Monatshälfte **Weihnachtsjazz** in Tallinn; **Weihnachtsmärkte** in den Hauptstädten. Einem alten Brauch folgend, wird am 23. Dezember das alte Jahr in Form von Holzscheiten symbolisch verbrannt.

ESSEN & TRINKEN

VON BORSCHTSCH BIS HERINGSPARFAIT

Die deftige und bodenständige baltische Küche umfasst viele Gerichte, die gemeinhin als typisch deutsch gelten: In Estland beispielsweise Sauerkraut *(hapukapsas)* – gerne als Beilage zu einem geschmorten Schweinebraten *(sea praad)* – und Sülze *(sült)*. Auch Blutwurst *(verivorst)* wird häufig aufgetischt, und Kartoffeln *(kartulid)* dürfen bei keiner warmen Mahlzeit fehlen. Derlei Vorlieben gehen auf die deutschbaltische Vergangenheit zurück. Daneben gibt es auch Berührungspunkte mit der skandinavischen Küche: Preiselbeermarmelade *(pohlamoos)* kommt nicht nur aufs Frühstücksbrot, sondern verleiht auch deftigen Speisen einen süßen Akzent. Weitere Lieblingsgerichte der Esten sind Kalbfleisch in Aspik, Kalbsbraten sowie Heringssalat mit Roter Bete und Rindfleisch *(rossolje)*. Eine wichtige Rolle in der Küche spielt geräucherter Fisch – vor allem Hering und Strömling. Als besondere Delikatesse gilt Heringsparfait.

Lettische Nationalgerichte sind graue Erbsen mit Räucherspeck und Hefeteigtaschen mit unterschiedlichen Füllungen. Die lettische Sauerkrautsuppe *(skābu kāpostu zupa)* wird mit Gemüse, Speck und Sauerrahm angereichert, die aromatische Sauerampfersuppe mit gekochtem Schweinefleisch, Kartoffeln, Eiern und saurer Sahne. Die meisten Hauptgerichte basieren auf Schweinefleisch mit Kartoffeln in unterschiedlichen Zubereitungen.

Im gesamten Baltikum wird bei Straßenfesten gern gegrillt

Tallinns Altstadt lädt mit vielen Restaurants und Bars zum Ausgehen

Obwohl sie erst im 18. Jh. nach Litauen kam, ist die Kartoffel hier besonders beliebt. In kaum einem anderen Land wird sie auf so vielfältige Weise zubereitet. Kartoffelpfannkuchen *(bulviniai blynai)*, Kartoffelpuffer *(kugelis)* und das Nationalgericht *cepelinai* – mit Fleisch oder Käse gefüllte Kartoffelklöße – sollte man unbedingt probieren. Selbst Würste sind hier manchmal mit Kartoffeln gefüllt – *vėderai* nennt sich diese Spielart.

Die Zeit der russischen Besatzung blieb auch für die baltische Küche nicht folgenlos. *Borschtsch*, eine Suppe aus Roter Bete, Kartoffeln, Ei und Sauerrahm, steht ebenso häufig auf dem Speiseplan wie *Soljanka, Schaschlik* oder *pelmeni*, die russischen Maultaschen.

Im Baltikum versteht man zu backen. Köstliches dunkles Brot bekommt man überall, in Lettland und Litauen ist es oft mit Kümmel oder Kardamom aromatisiert.

ESSEN GEHEN

Die Hauptstädte warten längst mit Restaurants aller Nationalitäten, mit Gourmettempeln und Erlebnisgastronomie auf. Ein Essen in einem einheimischen Traditionslokal sollte dennoch auf dem Programm stehen: Obwohl viele Völker die baltische Küche beeinflussten, hat sie natürlich auch eigene Spezialitäten entwickelt. Sie geraten den Küchenchefs meistens besser als ihre ambitionierten, aber bisweilen noch etwas ungeübten Versuche, es mit der internationalen Küche aufzunehmen. Neuerdings gibt es auch einheimische Restaurantketten, wie »Lido« in Lettland und »Čili« in Litauen.

Vegetarische Restaurants sind im Baltikum bisher selten, und die einheimische Küche zwingt Vegetarier oft dazu, ihre Mahlzeiten weitgehend auf Kartoffel- und Kohlbasis zu bestreiten. Die Restaurants in den Hauptstädten haben aber meist auch Fleischloses auf der Karte. Auf dem Land kann man sehr preiswert tafeln. In den Hauptstädten nähert sich das Preisniveau gehobener Restaurants zunehmend westeuropäischen Verhältnissen an; in Mittelklasserestaurants isst man jedoch immer noch wesentlich günstiger als in Deutschland.

GETRÄNKE

Natürlich gibt es auch Wein und in den größeren Städten erfreuen sich schicke Weinbars gerade größter Beliebtheit. Am liebsten trinken die Balten aber Bier – in Estland »Saku« und »Saaremaa õlu«, in Lettland »Valmiermuiža« und »Tērvetes«, in Litauen »Švyturys«. Viele Restaurants brauen selbst – probieren lohnt sich. Wodka hat nach dem Ende der Sowjetzeit seine zentrale Rolle bei der Abendgestaltung eingebüßt. Dennoch erfreuen sich einige Sorten großer Beliebtheit, wie der estnische Wodka »Viro Valge«. In Estland wird auch der Kräuterschnaps »Vana Tallinn« hergestellt. Früher benötigte man ihn zum Schmieren russischer Beamter. Heute ist er wie der lettische »Rīga Balzams« oder der litauische »Balzamas« ein begehrtes Mitbringsel.

Tagsüber wird im Baltikum viel Tee konsumiert – ein Erbe aus sowjetischen Tagen. Kaffee wird oft nach Art eines türkischen Mokkas zubereitet. Das Angebot einheimischer Mineralwassersorten ist außerordentlich groß und gut. Beliebte Getränke sind auch Milch, Kefir und Kwass, eine Art Brottrunk. Eine Spezialität ländlicher Gebiete ist selbst hergestellter Moosbeeren- und Birkensaft.

BESTE LANDESKÜCHE

- **Marceliukės Klėtis,** Vilnius: Authentische litauische Gerichte in urig-rustikalen Räumlichkeiten mit viel Holz > S. 66.
- **Lokys** € ▓ b3
  Ausgezeichnete Wildküche in einem gotischen Kellergewölbe. Ein ausgestopfter Bär *(lokys)* schaut beim Essen zu.
  Stiklių 8/10 | 01131 Vilnius
  Tel. 5262 9046
  www.lokys.lt
- **Vincents,** Rīga: Mehrfach prämierte Gourmetküche auf der Basis regionaler Zutaten, minimalistisches Dekor > S. 96.
- **Riits,** Rīga: Vorzügliche lettische Küche, in der regionale Bioprodukte verwendet werden > S. 96.
- **Kuldse Notsu Kõrts,** Tallinn: Traditionelle estnische Küche, serviert in einem Kellergewölbe von Personal in Tracht > S. 124.
- **Restaurant Õ** €€ ▓ c2
  Moderne estnische Küche mit Schick in der Neustadt.
  Mere pst. 6e | 10111 Tallinn
  Tel. 661 6150
  www.restoran-o.ee

Die lettische Metropole Rīga an der Daugava
beeindruckt im historischen Stadtkern mit
einem hoch aufragenden Dom

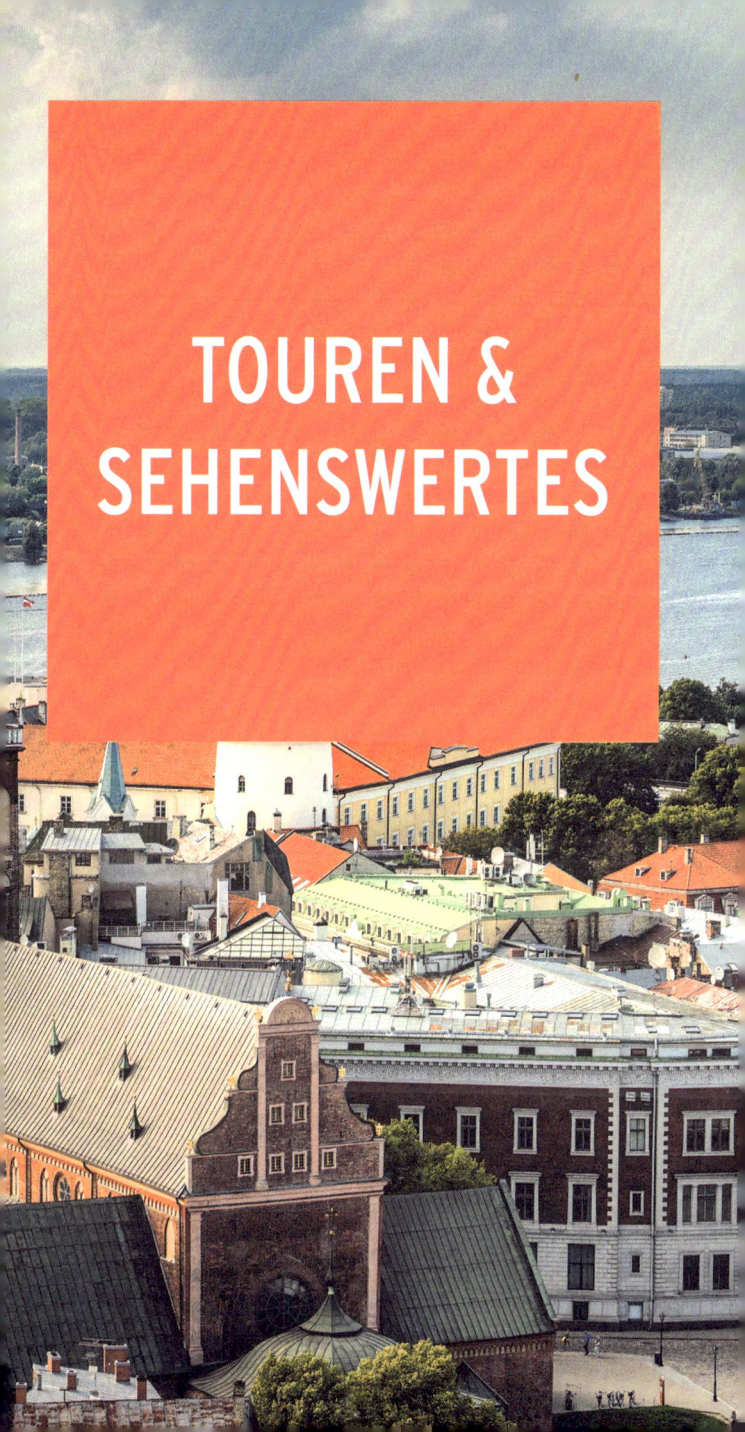

TOUREN &
SEHENSWERTES

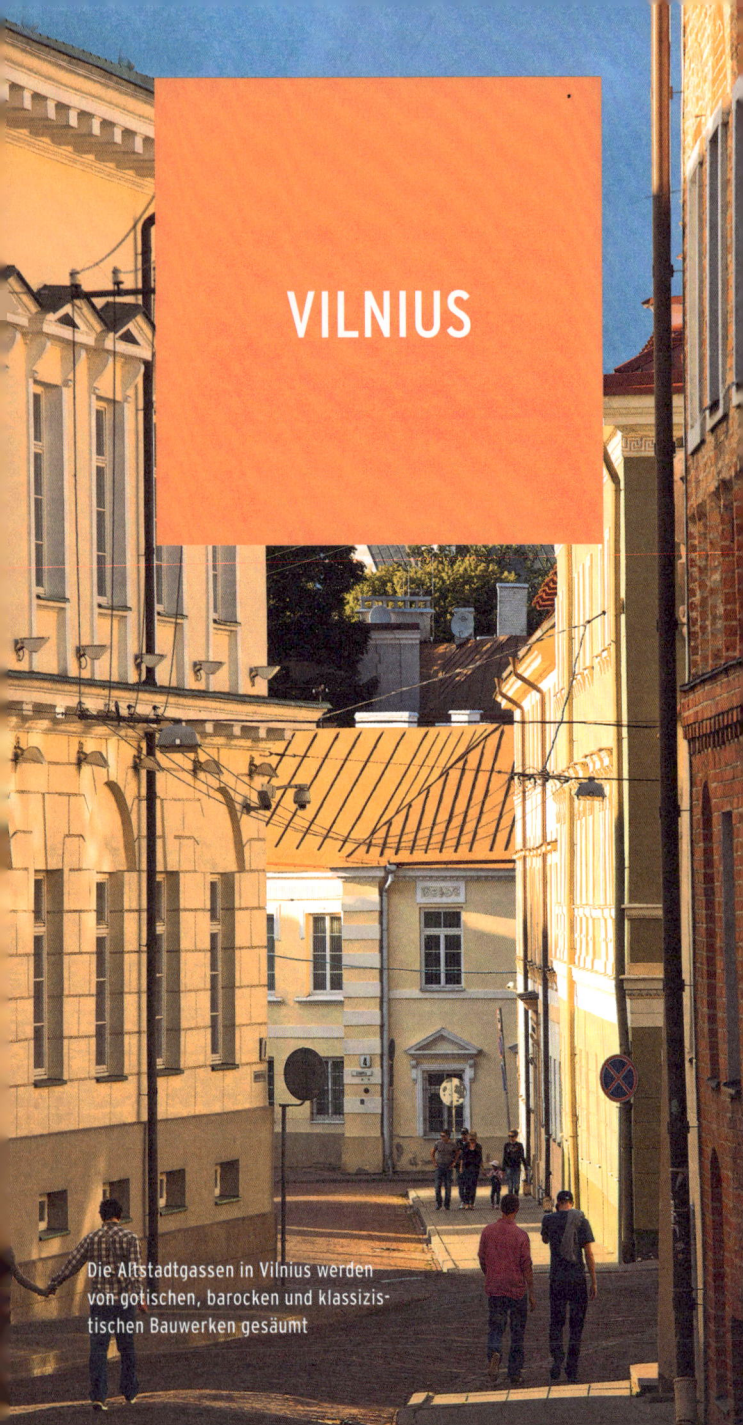

VILNIUS

Die Altstadtgassen in Vilnius werden von gotischen, barocken und klassizistischen Bauwerken gesäumt

Aus dem Dächermeer der barocken Altstadt von Vilnius ragen Kirchturmspitzen und Glockentürme empor – mit mehr als 50 Gotteshäusern prunkt das »Rom des Ostens«. Dazu kommen die zahlreichen Parks und einige die Stadt umgebende Hügel.

Vilnius ist eine Stadt, die man am besten zu Fuß erkundet: Kopfstein-gepflasterte Gassen erschließen die Altstadt mit ihren denkmalge-schützten Häusern, den unzähligen Kirchen und der altehrwürdigen Universität. 1900 Gebäude zählt die UNESCO zum Weltkulturerbe: Ihre Fassaden spiegeln alle Baustile von der Gotik bis zum Klassizismus wider. Die deutlichsten Spuren hin-terließ jedoch der Barock, dessen heitere Pastelltöne der Stadt ihr süd-ländisches Flair verleihen.

Vilnius ist von jeher eine Viel-völkerstadt, die unterschiedliche Ethnien und Konfessionen behei-matete. Im Laufe der Jahrhunderte siedelten hier Polen, Juden, Russen, Weißrussen und Ukrainer und trie-ben Handel. Keine andere euro-päische Hauptstadt wechselte so oft Namen und Herren, allein im 20. Jh. acht Mal.

Um Litauens Hauptstadt richtig kennenzulernen, sollte man sich einige Tage Zeit nehmen – in den engen Gässchen gibt es nicht nur Baudenkmäler zu entdecken. Vil-nius besitzt zahlreiche Museen und Galerien; in versteckten Innenhöfen warten Cafés auf Gäste, originelle Geschäfte und schicke Boutiquen laden zum Bummel ein.

TOUREN IN VILNIUS

DIE ALTSTADT

ROUTE: Gediminas-Turm › Kathe-drale › St. Anna- und Bernhardiner-Kirche › Bernsteinmuseum › Univer-sität › Johanniskirche › Tor der Morgenröte

KARTE: Seite 59

DAUER: etwa 4 Std., wenn man sich viel Zeit nimmt und zwischendurch im Café verschnauft
PRAKTISCHE HINWEISE:
• Montags sind die meisten Museen geschlossen.

TOUR-START:
Zum Auftakt der Tour verschafft man sich vom **Gediminas-Turm** **1** › S. 61, der zur Oberen Burg auf ei-nem Hügel über Vilnius gehörte, einen Überblick über die Altstadt.

Wer Kraft sparen möchte, nimmt für den Weg bergauf die Drahtseilbahn. Anschließend schlendert man den Hügel wieder hinab. Es lohnt sich, unterwegs das litauische **Nationalmuseum** 3 › S. 61 zu besuchen, bevor es weitergeht zur **St.-Stanislaus-Kathedrale** 2 › S. 61, deren Glockenturm einen Turm der ehemaligen Unteren Burg einbezieht. Über die von mittelalterlichen Häusern gesäumte Pilies gatvė und die Bernardinų gatvė gelangt man zu dem herrlichen gotischen Ensemble der **St.-Anna-** 9 und **Bernhardiner-Kirche** › S. 63. Die Šv. Mykolo gatvė führt am **Bernsteinmuseum** 7 › S. 62 vorbei, für dessen Besichtigung je nach Interesse genügend Zeit eingeplant werden sollte, und zur Pilies gatvė zurück. Hier gruppieren sich um zwölf Innenhöfe im Renaissancestil die Gebäude der altehrwürdigen **Universität** 5 › S. 62, eine der ältesten Europas. Auch die barocke **Johanniskirche** 6 › S. 62 mit ihrem frei stehenden Glockenturm gehört zu dem ausgedehnten Komplex. Danach bummelt man die Didžioji gatvė entlang, die geschäftige Hauptstraße der Altstadt, deren Beginn die orthodoxe Pjatnizkaja-Kirche markiert. Sie wurde im 14. Jh. für die russische Ehefrau des Großfürsten Algirdas erbaut. Prunkvolle Barockkirchen säumen den Weg am dreieckigen Rathausplatz vorbei zum **Tor der Morgenröte** 16 › S. 64, dem einzigen noch erhaltenen Tor der mittelalterlichen Stadtmauer. Das Marienbild in der Torkapelle ist das Ziel vieler katholischer Wallfahrer.

DAS BAROCKE VILNIUS

ROUTE: Kathedrale › Michaelskirche/Museum für Kirchenkunst › Johanniskirche › Nikolauskirche › Kasimirkirche › Theresienkirche

KARTE: Seite 59
LÄNGE: Etwa 4 Std. braucht man, wenn man sich für die Besichtigungen Zeit nimmt.
PRAKTISCHER HINWEIS:
• In Vilnius kann man keine 20 Schritte tun, ohne auf eine Kirche zu stoßen. Da es kaum möglich ist, alle zu besichtigen, empfiehlt es sich, Schwerpunkte zu setzen. Diese Tour führt zu besonders schwelgerischen barocken Gotteshäusern.

TOUR-START:

Die klassizistische Fassade der **Kathedrale** 2 › S. 61 lässt kaum vermuten, dass sich in ihrem Inneren mit der **Kasimir-** und der **Valavičių-Kapelle** gleich zwei Juwele des Barock befinden. Über die Pilies und Šv. Mykolo gatvė gelangt man zur **Michaelskirche** 8 › S. 62 mit einem anmutig geschwungenen, frei stehenden Glockenturm. In der Pilies gatvė erhebt sich am Rand des Großen Hofes der Universität die **Johanniskirche** 6 › S. 62 mit ihrer üppigen Barockfassade. Wenn man nun durch die Didžioji gatvė zum

TOUREN IN VILNIUS

TOUR ❶

DIE ALTSTADT

TOUR ❷

DAS BAROCKE VILNIUS

TOUR ❸

DAS JÜDISCHE VILNIUS

1 Gediminas-Turm
2 St.-Stanislaus-Kathedrale
3 Nationalmuseum
4 Museum für angewandte Kunst
5 Universität
6 Johanniskirche
7 Bernsteinmuseum
8 Michaelkirche / Museum für Kirchenkunst
9 St. Anna-Kirche
10 Bohèmeviertel Užupis

11 Nikolauskirche
12 Kasimirkirche
13 Zentrum für Zeitgenössische Kunst (CAC)
14 Heiliggeistkirche
15 Theresienkirche
16 Tor der Morgenröte
17 Synagoge
18 Genozid-Museum
19 Holocaust-Museum
20 Gedenkstätte Paneriai

Zur tempelartigen Kathedrale gehört der frei stehende Glockenturm

Tor der Morgenröte schlendert, sieht man mit der **Nikolauskirche** 11 > S. 64, der **Kasimirkirche** 12 > S. 64 und der **Theresienkirche** 15 > S. 64 die barocken Perlen der Stadt aufgereiht wie an einer Kette.

DAS JÜDISCHE VILNIUS

ROUTE: Zentrum für Toleranz › Synagoge › Jüdisches Viertel › Holocaust-Museum › Gedenkstätte Paneriai

KARTE: Seite 59
DAUER: 1 Tag; die Gedenkstätte Paneriai liegt 8 km südwestlich des Stadtzentrums.

PRAKTISCHE HINWEISE:
• Die Tour sollte nicht freitags oder samstags durchgeführt werden, dann ist vieles geschlossen.
• Paneriai erreicht man mit dem Zug nach Trakai (Haltestelle Paneriai).

TOUR-START:
Für die Juden Osteuropas war Vilnius lange Zeit ein geistiges und kulturelles Zentrum. Noch zu Beginn des 20. Jhs. stellten sie ein Drittel der Stadtbevölkerung. Erst unter der deutschen Besatzung, die 1941 bis 1944 dauerte, wurde das blühende »Jerusalem des Ostens« ausgelöscht. Diese Tour führt zu einigen Schauplätzen jüdischer Geschichte.

Südwestlich der Altstadt informiert das **Zentrum für Toleranz** mit einer didaktisch gut aufbereiteten Dauerausstellung über jüdische Geschichte in Litauen (Naugarduko gatvė 10/2, Mo–Do 10–18, Fr, So 10–16 Uhr, www.jmuseum.lt). Ein paar Schritte weiter findet sich die **Synagoge** [17] › S. 64 mit einer Fotodokumentation zu den zerstörten jüdischen Gebetshäusern. Jenseits der Pylimo gatvė beginnt das **jüdische Viertel,** das sich im Norden bis etwa zur Stiklių gatvė erstreckte. In dem lebhaften Stadtteil mit vielen Geschäften richteten die Deutschen 1941 das Getto ein. Auf der Sv. Ignoto gatvė westwärts laufend erreicht man schließlich die Pamenkalnio gatvė, an der das **Holocaust-Museum** [19] › S. 65 liegt. Hier wird unter dem treffenden Titel »Katastrophe« das Schicksal der litauischen Juden im Zweiten Weltkrieg dokumentiert. Letzte Station der Tour ist die 8 km außerhalb gelegene Gedenkstätte **Paneriai** [20] › S. 65, im Zweiten Weltkrieg Schauplatz von Massenexekutionen.

UNTERWEGS IN VILNIUS

NÖRDLICHE ALTSTADT

GEDIMINAS-TURM [1] 📖 b2

Der rekonstruierte, achteckige Turm auf dem Burgberg ist ein Relikt der Oberen Burg aus dem 14. Jh. Im Inneren dokumentiert ein kleines Museum Vilnius' Geschichte, von der Aussichtsplattform bietet sich ein herrlicher Panoramablick über die Altstadt (April–Sept. tgl. 10–21, Okt.–März 10–18 Uhr).

KATHEDRALENPLATZ ⭐

Der Kathedralenplatz (Arkikatedros aikštė) ist der beliebteste Treffpunkt der Stadt. Beherrscht wird er von der klassizistischen **St.-Stanislaus-Kathedrale** [2] 📖 b2, die einem griechischen Tempel nachempfunden ist. Sie wurde auf den Fundamenten einer mittelalterlichen Kirche erbaut, die ihrerseits eine heidnische Kultstätte für den Donnergott Perkunas ersetzte. Nach zahlreichen Umbauten erhielt die Kathedrale ihre heutige Gestalt im 18. Jh. In der Sowjetzeit diente sie als Gemäldegalerie. Erst 1989 wurde die Kirche den Gläubigen zurückgegeben. Ihr Glanzstück ist die barocke **Kasimir-Kapelle:** Fresken stellen Szenen aus dem Leben des litauischen Schutzheiligen dar, der hier 1602 beigesetzt wurde. › mehr S. 15 Punkt ❷ Neben der Kathedrale erhebt sich der 57 m hohe, frei stehende **Glockenturm.** Er zählt zu den ältesten Gebäuden der Stadt: Sein Untergeschoss gehörte einst zu einem Turm der mittelalterlichen Stadtbefestigung.

Das **Nationalmuseum** [3] 📖 b2 (Lietuvos Nacionalinis Muziejus) im Neuen Arsenal am Fuß des Burghügels dokumentiert die Geschichte Litauens von der Steinzeit bis in die Gegenwart und zeigt auch volkskundliche Exponate (Arsenalo 1, Di bis So 10–18 Uhr, www.lnm.lt).

Im Alten Arsenal ist das **Museum für angewandte Kunst** [4] 📖 b2 untergebracht, in dem neben Keramik, Glas, Textilien, Schmuck und Möbeln vor allem sakrale Kunst zu sehen ist (Arsenalo 3, Di–Sa 11–18, So 11–16 Uhr, www.ldm.lt).

UNIVERSITÄT 5 b2

Die 1579 als Jesuitenkolleg gegründete Universität, eine der ältesten in Europa, gruppiert sich um zwölf Innenhöfe. Ihre Gebäude zeigen alle Baustile vom 16. bis zum 20. Jh.

Besonders eindrucksvoll ist der **Große Hof** mit der **Johanniskirche** 6 b2. Sie wurde 1387 im gotischen Stil erbaut. Nach einem Brand im Jahr 1737 erhielt sie eine prächtige neue Barockfassade und einen Innenraum, der zu den schönsten dieser Epoche in Litauen zählt. Weil die Sowjets das Gotteshause zu einem Wissenschaftsmuseum umfunktionierten, sind noch immer ca. 50 alte Bücher ausgestellt, darunter einige frühe Beispiele der Druckkunst (Mo–Sa 9.30

bis 17.30 Uhr). Heute wird hier aber wieder die Messe gelesen.

In den umliegenden Bauten ist die **Universitätsbibliothek** mit ihrem Bestand von fast 5 Mio. Bänden sowie zwei prächtigen Lesesälen untergebracht (Mo–Fr 9–21, Sa 9–16 Uhr).

BERNSTEINMUSEUM 7 b2

Im Bernsteinmuseum (Gintaro muziejus) ist zu sehen, was an den Stränden Litauens so schwer zu finden ist. In einem Gewölbekeller wird die Entstehung und Verarbeitung des Baltischen Goldes erklärt. In der angeschlossenen Verkaufsgalerie kann man Design und Schmuck aus Bernstein betrachten (Mykolo 8, tgl. 10–19 Uhr, www.ambergallery.lt).

MICHAELSKIRCHE 8 b2

In der barocken Michaelskirche ist das **Museum für das kirchliche Kulturerbe** untergebracht, das

---

🗨 DIE GUT GELAUNTE MINI-REPUBLIK

Užupis besitzt alte Häuser, schöne Hinterhöfe, neue Galerien, hübsche kleine Geschäfte – und eine eigene Verfassung. Der Bohème-Stadtteil, der von den Sowjets verwahrlost zurückgelassen wurde, erklärte sich 1997 zur Republik. Die noch junge Unabhängigkeit der Nation wollten einige Užupier besonders intensiv auskosten – und zugleich das Individuum in seiner Einzigartigkeit feiern. Regierungssitz ist das Café »Užupis Kavine« gleich hinter der Brücke, die in den anarchischen Stadtteil führt > **oben**. In diesem traditionellen Künstlertreff wurde die Idee zum Staat im Staate geboren. Zu den rund 80 Botschaftern der eigenwilligen Republik zählt auch der Dalai Lama, der Vilnius 2001 besuchte. Bürger der Republik kann jeder werden – auch ohne Wohnsitz im Stadtgebiet von Vilnius. Denn Užupier ist man nicht kraft Brief, Siegel oder Wohnsitz, sondern aufgrund einer subversiven Geisteshaltung. Und die kann man schließlich überall pflegen.

Das Künstlerviertel Užupis fordert die Fantasie der Betrachter immer wieder heraus

kostbare sakrale Kunst, liturgische Geräte und Gewänder zeigt (Mykolo 9, Di–Sa 11–18 Uhr, www.bpmuziejus.lt).

GOTISCHER WINKEL ▮ b2

Ein Meisterwerk der Backsteingotik ist die **St.-Anna-Kirche** 9. Ihre mit Erkern und Türmchen reich verzierte Fassade wurde aus 47 verschiedenen Ziegelarten erbaut. Das Ergebnis ist leicht und filigran – fast ein bisschen überirdisch. St. Anna ist eine der schönsten Kirchen der Stadt; so schön, dass Napoleon sie angeblich am liebsten mit nach Paris genommen hätte (Mai–Sept. tgl. 11–19, sonst 17–19 Uhr). Ein neogotischer Glockenturm erhebt sich neben dem Baudenkmal, das mit der benachbarten **Bernhardinerkirche** ein einzigartiges Architekturensemble bildet. Das massive Bau-

werk war als Wehrkirche in die Stadtbefestigung einbezogen.

BOHÈMEVIERTEL
UŽUPIS 10 ▮ b/c3

Das exzentrische Künstlerviertel Užupis erstreckt sich am anderen Ufer der Vilnia. Bis ins 19. Jh. war es Armenvorstadt, nach der Unabhängigkeit Litauens 1991 siedelten sich viele Maler, Bildhauer und Musiker an, die hier ihre eigene Republik gründeten › S. 62.

ZWISCHENSTOPP: RESTAURANT

Užupis Kavine 1 € ▮ b3

Im Sitz der Regierung von Užupis trifft sich Bohème-Publikum. Abends wird das Café zur Bar (bis 23 Uhr).

• Užupio 2
  01200 Vilnius
  Tel. 5212 2138
  http://uzupiokavine.lt

SÜDLICHE ALTSTADT

DIDŽIOJI GATVĖ

Das Zentrum der südlichen Altstadt bildet die Didžioji gatvė, die weiter südlich in die Aušros Vartu gatvė übergeht. Sie wird von eindrucksvollen Barockbauten gesäumt – den Auftakt bildet die orthodoxe **Nikolauskirche** 11 b3.

Die 1604–16 erbaute, dem litauischen Schutzheiligen geweihte **Kasimirkirche** 12 b3 am Rathausplatz ist die älteste Barockkirche der Stadt. Sie war im Laufe der Geschichte katholisches, orthodoxes und protestantisches Gotteshaus, um dann von den Sowjets zu einem Museum für Atheismus umfunktioniert zu werden. Heute gehört sie wieder den Gläubigen.

Hinter dem Rathaus zeigt das **Zentrum für Zeitgenössische Kunst (CAC)** 13 b3 (Šiuolaikinio Meno Centras) Arbeiten junger Litauer sowie internationale Ausstellungen zeitgenössischer Kunst. Mit über 2000 m² Fläche ist es der größte Ausstellungsort für moderne Kunst im Baltikum. Das Museumscafé hat sich als szeniger Künstlertreff etabliert (Vokiečių 2, Di–So 12–20 Uhr, www.cac.lt).

AUŠROS VARTU GATVĖ

Neben dem historistischen Gebäude der Philharmonie gelangt man durch einen Torbogen in den Innenhof des **Basilianerklosters** mit seinem schönen barocken Eingangsportal. Auf der gegenüberliegenden Straßenseite steht etwas erhöht die **Heiliggeistkirche** 14 b3 aus dem 18. Jh., als Sitz des Erzbischofs die wichtigste orthodoxe Kirche Litauens. Ihr farbenprächtiges Inneres birgt wunderbare Fresken und eine aufwändig gestaltete Ikonostase.

Die von 1633–1650 erbaute **Theresienkirche** 15 b3 ist mit Wandmalereien des 18. Jh. geschmückt, ihr barocker Hochaltar gilt als einer der schönsten des Landes.

Zu den bedeutendsten katholischen Heiligtümern des Landes zählt das **Tor der Morgenröte** 16 b4 (Aušros Vartai), das einzige noch erhaltene Tor der alten Stadtmauer. Die Torkapelle birgt ein Marienbild aus dem 16. Jh., das als wundertätig gilt und Pilgerziel für Tausende von Gläubigen ist.

NEUSTADT

SYNAGOGE 17 a3

Die 1903 eingeweihte Choral-Synagoge ist das einzig erhaltene von einst 96 jüdischen Gebetshäusern in Vilnius. Zu der Gemeinde, die sich hier zum Gebet trifft, gehören heute wieder etwa 4000 Juden (Pylimo 39, geöffnet zu den Gottesdiensten 8.30 und 19.30 Uhr).

GENOZID-MUSEUM 18 a2

Das von der Gestapo und später vom KGB genutzte Gebäude beherbergt heute ein Museum, das Dokumente zu den Repressionen der Besatzungsregimes und zum litauischen Widerstand zeigt. Auch die früheren Erschießungskammern und Gefängniszellen können besichtigt werden (Aukų 2a, Mi–Sa 10–18, So 10–17 Uhr, www.genocid.lt).

HOLOCAUST-MUSEUM 19 a2

Mit anrührenden Exponaten wird hier an die grausam vernichtete jüdische Gemeinde in Vilnius und an die jüdische Kultur Litauens erinnert. Eine Sonderausstellung dokumentiert den Holocaust (Pamėnkalnio 12, Mo–Do 9–17, Fr 9–16, So 10–16 Uhr, Führungen auch auf Deutsch, www.jmuseum.lt).

AUSSERHALB DES ZENTRUMS

GEDENKSTÄTTE PANERIAI 20

Die ca. 8 km südwestlich des Zentrums gelegene Gedenkstätte erinnert an 100 000 Menschen, die die Deutschen zwischen 1941 und 1944 im Wald von Paneriai ermordeten. Etwa zwei Drittel von ihnen waren Juden. Ein kleines Museum stellt Dokumente, Fotos und persönliche Gegenstände aus (Agrastų 17, Mai bis Sept. Di–So 9–17 Uhr, sonst nach Voranmeldung unter Tel. 6999 0384, www.jmuseum.lt; mit dem Zug in Richtung Trakai, Haltestelle Paneriai).

INFO

Touristeninformation Vilnius b2
• Pilies 2 | 01124 Vilnius
  Tel. 5262 9660
  Tgl. 9–12, 13–18 Uhr
Filiale b3
• Didžioji 31 | 01128 Vilnius
  Tel. 5262 6470
  Tgl. 9–13, 14–18 Uhr
  www.vilnius-tourism.lt

VERKEHRSMITTEL

• **Flughafen:** Der übersichtliche Flughafen (http://vno.lt) liegt nur 5 km südlich von Vilnius. Ein Taxi ins Zentrum kostet ca. 14 €, der Flughafenbus 1 €.
• **Bahnhof:** Geležinkelio 16. Links werden Fahrscheine fürs Inland, rechts fürs Ausland verkauft. Auskünfte und Ticketbuchung unter Tel. 7005 5111. Fahrpläne: www.traukiniobilietas.lt.
• **Busbahnhof:** Sodų 22. Infos und Buchungen unter Tel. 1661, Fahrpläne: www.auto busustotis.lt. Internationale Routen werden von **Eurolines** bedient (www. eurolines.com).
• **Öffentlicher Nahverkehr:** Busse und Trolleys verkehren zuverlässig und in kurzen Abständen, Preise und Fahrpläne unter www.vilniustransport.lt oder www. stops.lt.

💬 AUSFLÜGE AB VILNIUS

Die Hauptstadt ist auch Ausgangspunkt für attraktive Ausflüge, etwa zum **geografischen Mittelpunkt Europas** › S. 74, den ein auf Lichtungen im Wald angelegter Freilichtpark für moderne Kunst umgibt. Ein Höhepunkt jeder Litauen-Reise ist **Trakai** › S. 73, das mit seinen malerischen Seen, duftenden Kiefernwäldern und den mächtigen Backsteintürmen der Inselburg die Essenz der Schönheit Litauens bildet. Die archäologische Stätte **Kernavė** › S. 74 mit ihren berühmten fünf Burghügeln ist ein weiteres Ziel für eine abwechslungsreiche Tagestour. Schon in prähistorischer Zeit besiedelt, gilt sie als Litauens älteste Hauptstadt.

HOTELS

Shakespeare Hotel €€€ 📱 b2
Komfortables Hotel in ruhiger Lage. Die
Zimmer sind nach Dichtern und Literaten
benannt und entsprechend eingerichtet.
• Bernardinų 8 | 01124 Vilnius
  Tel. 5266 5885 | www.shakespeare.lt

Stikliai Hotel €€€ 📱 b3
Elegantes Hotel in einem mittelalterlichen
Gebäude, französisches Restaurant.
• Gaono 7 | 01131 Vilnius
  Tel. 5264 9595 | www.stikliaihotel.lt

Apia Hotel €€ 📱 a2
Nur 12 charmante Zimmer rund um einen
ruhigen Innenhof mitten in der Altstadt.
• Šv. Ignoto 12 | 01120 Vilnius
  Tel. 5212 3426 | www.apia.lt

RESTAURANTS

Medininkai €€€ 📱 b3
Ausgezeichnete internationale Küche in einem Kellergewölbe aus dem 16. Jh.
• Aušros Vartų 8 | 01304 Vilnius
  Tel. 6008 6491 | www.medininkai.lt

Marceliukės Klėtis €€
Die besten Cepelinai der Stadt.
• Tuskulėnų 35 | 09219 Vilnius
  Tel. 5272 5087

Senoji Trobelė €€
Feine litauische Küche in einem gemütlichen Lokal mit schöner Sommerterrasse.
• Naugarduko 36 | 03228 Vilnius
  Tel. 6099 9002 | www.senojitrobele.lt

Bernelių Užeiga € 📱 a2
Bodenständige regionale Küche, folkloristi-
sche Einrichtung, mit ruhiger Terrasse.
• A. Vienuolio 4a | 01103 Vilnius
  Tel. 6636 0232 | www.berneliuuzeiga.eu

SHOPPING

Amber 📱 b3
Hier und im Bernsteinmuseum ▸ **S. 61** gibt
es qualitätvolle Bernsteinprodukte.
• Aušros Vartų 9 | 01129 Vilnius
  www.ambergift.lt

Vilnius Antiques Centre 📱 b2
Erlesene Antiquitäten, darunter auch Ikonen und Samoware.
• Dominikonų 16 | 01131 Vilnius
  www.antiques.lt

GO9 📱 a2
In dem modernen Einkaufszentrum sind
auch diverse litauische Designer vertreten.
• Gedimino 9 | 01105 Vilnius | www.go9.lt

Moustache Boutique 📱 c2
Einer der besten Shops für litauisches
Modedesign in Vilnius.
• Vilniaus 28 | 01144 Vilnius
  www.facebook.com

NIGHTLIFE

Sky Bar
Cocktailbar im 22. Stock des Radisson Blu
Hotel Lietuva.
• Konstitucijos 20 | 09308 Vilnius
  Tel. 5231 4823 | www.radissonblu.lt
  So–Do 17–1, Fr, Sa 17–2.30 Uhr

Pabo Latino 📱 a3
Schicker Treff mit heißer Latin-Musik.
• Trakų 3 | 01132 Vilnius
  Tel. 5262 1045 | www.pabolatino.lt
  Do 21–3, Fr, Sa 21–5 Uhr

Brodvėjus 📱 a3
Kneipe und Klub, oft Live Acts.
• Vokiečių/Mėsinių 4 | 01133 Vilnius
  Tel. 6525 7790 | www.brodvejus.lt
  Mo geschl., sonst 21–3 Uhr

LITAUEN

Die Dünen der Kurischen Nehrung
stehen unter strengem Naturschutz,
die Strände sind frei zugänglich

Litauen besitzt eine der spektakulärsten Küstenlandschaften Europas: die Kurische Nehrung mit ihren himmelhohen Dünen. Das Binnenland prägen Wälder und einsame Seen. Kaunas mit seinem regen Kulturleben gilt als heimliche Hauptstadt.

Das berühmteste Stück Litauen ist neben der Hauptstadt eine schmale lange Landzunge, die Kurische Nehrung. Hier lässt sich leicht ein ganzer Urlaub verträumen: Die lichten Kiefernwälder, himmelhohen Dünen und bunten Blumengärten vor den alten Fischerkaten beschwören das Bild längst vergangener Zeiten. Auch am Festland bietet die Küste Abwechslung: Die urwüchsige Landschaft des Memeldeltas lädt zu Wanderungen und Bootsausflügen ein. Im Badeort Palanga tobt das Leben auch noch lange nach Sonnenuntergang.

Im Zentrum des Landes liegt mit dem Berg der Kreuze die bedeutendste Pilgerstätte des katholischen Litauens. Dicht bewaldetes Hügelland und zahlreiche Seen umgeben die heimliche Hauptstadt Kaunas. Ein Höhepunkt jeder Litauenreise ist Trakai mit seinen malerischen Seen, duftenden Kiefernwäldern und den mächtigen Backsteintürmen der Inselburg.

Wälder und schilfgesäumte Seen prägen auch Litauens Süden. Besonders idyllisch präsentieren sich die an Memel-Schleifen gelegenen Kurorte Birštonas und Druskininkai. Östlich von Druskininkai erstreckt sich der Dzūkija-Nationalpark, der Sumpfwälder und Litauens größtes Hochmoor unter Schutz stellt.

TOUREN IN LITAUEN

HÖHEPUNKTE LITAUENS

ROUTE: Vilnius › Trakai › Kaunas › Šiauliai › Berg der Kreuze › Klaipėda › Nida › Palanga › Vilnius

KARTE: Seite 70
DISTANZEN: 688 km; 7 Tage

PRAKTISCHE HINWEISE:
- Die Tour lässt sich mit dem Auto oder per Überlandbus realisieren.
- Zwischen Klaipėda und der Kurischen Nehrung verkehren regelmäßig Personen- (Alter Hafen) und Autofähren (Neuer Hafen) › S. 82.

TOUR-START:

Der erste Tag ist dem barocken Kleinod **Vilnius** › S. 56 gewidmet, wo man nach einem ausgiebigen

Bummel durch die Altstadt auch die Nacht verbringt. Anderntags geht es zur Wasserburg **Trakai** `1` › S. 73, dem berühmten litauischen Wahrzeichen. Nachdem man den Palas besichtigt und die herrliche Seenlandschaft genossen hat, fährt man zurück in die Hauptstadt (Übernachtung). Nächstes Etappenziel der Tour ist das betriebsame **Kaunas** `7` › S. 75 mit einer schönen Altstadt und mehreren sehenswerten Museen (Übernachtung). Von dort führt der Weg über **Šiauliai** `5` › S. 74 mit der Kirche St. Peter und Paul zum **Berg der Kreuze** `6` › S. 74, der bedeutendsten Pilgerstätte im katholischen Litauen. Gegen Abend wird die hübsche Hafenstadt **Klaipėda** `14` › S. 80 angesteuert (Übernachtung), von wo man am nächsten Morgen zur **Kurischen Nehrung** › S. 83 übersetzt. Da die Nehrung ein Naturschutzgebiet ist, müssen Autotouristen für die Befahrung eine Gebühr bezahlen. Hier warten mit der Großen Düne und dem verträumten Fischerdorf **Nida** `17` › S. 83 zwei Höhepunkte einer jeden Litauenreise (Übernachtung). Nicht entgehen lassen sollte man sich außerdem einen Besuch des Thomas-Mann-Hauses. Wesentlich lebhafter geht es im bekannten Badeort **Palanga** `13` › S. 79 auf dem Festland zu, den man am nächsten Tag ansteuert. Je nach Witterung legt man einen Strandtag ein oder besichtigt das Bernsteinmuseum (Übernachtung hier oder in Klaipėda). Auf der A1 gelangt man am letzten Tag schnell zurück nach Vilnius.

RADTOUR AN DER KÜSTE

ROUTE: Palanga › Klaipėda › Nida › Klaipėda › Insel Rusnė

KARTE: Seite 70
DISTANZEN: 179 km; 4–5 Tage
PRAKTISCHE HINWEISE:
- Litauens erster Küstenradweg ist durchgängig markiert (Fahrradsymbol und Nr. 10 auf blauem Grund).
- In Klaipėda kann man mit dem Rad die Fähre vom Alten Hafen im Stadtzentrum nehmen.

TOUR-START:

Vom beliebten Ostseebad **Palanga** `13` › S. 79 aus radelt man an einer 20 m abfallenden Steilküste entlang gemächlich gen Süden. In **Klaipėda** `14` › S. 80 sollte man eine Übernachtung einplanen, um die hübsche Hafenstadt in aller Muße erkunden zu können. Mit der Fähre geht es anderntags auf die **Kurische Nehrung** › S. 83, wo ein asphaltierter Weg zur ehemaligen Künstlerkolonie **Nida** `17` › S. 83 führt. Stopps lohnen u. a. der Hexenberg bei **Juodkrante** `16` › S. 83 mit Figuren aus der litauischen Sagen- und Märchenwelt, der Reiherberg, auf dessen Bäumen Reiher und Kormorane nisten, sowie die Toten Dünen bei Pervalka. In Nida sollte man

TOUREN IN LITAUEN

TOUR ④

HÖHEPUNKTE LITAUENS

Vilnius > Trakai > Kaunas > Berg der Kreuze
> Klaipėda > Nida > Palanga > Vilnius

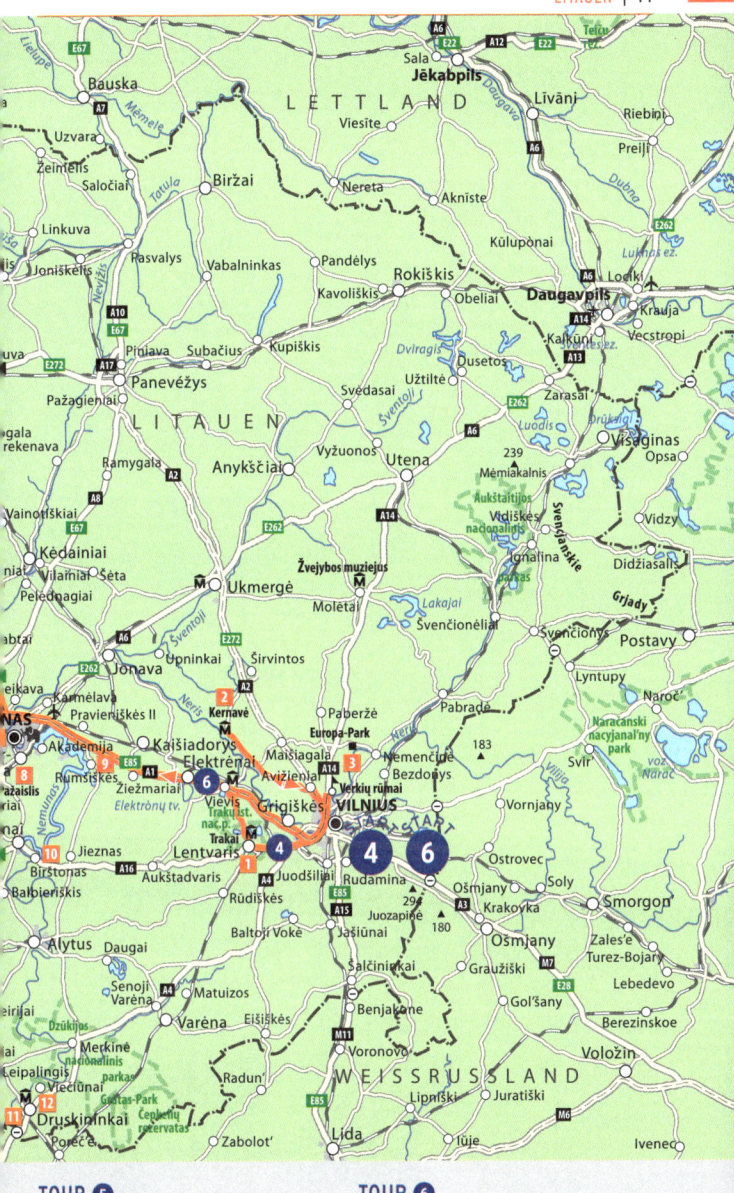

mindestens eine, besser aber zwei Übernachtungen einplanen, bevor es nach Klaipėda zurückgeht. Von dort radelt man am Haff entlang nach **Šilutė** 18 › S. 84 im Memeldelta. Die freundliche Kleinstadt wird von einer wunderschönen Heide- und Moorlandschaft umgeben (Übernachtung). Letzte Station der Tour ist die zwischen zwei Flussarmen gelegene Insel **Rusnė** mit alten Fischerhäusern aus Holz und einem Leuchtturm aus dem 19. Jh.

TOUR
6

HAUPTSTÄDTE & KÖNIGREICHE

ROUTE: Vilnius › Kernavė › Trakai › Kaunas › Klaipėda › Kurische Nehrung / Nida › Palanga › Vilnius

KARTE: Seite 70
LÄNGE: 715 km; 7 Tage
PRAKTISCHER HINWEIS:
• Diese Tour verbindet einige der Highlights von Litauen mit einem Schnelldurchlauf durch die wechselvolle Geschichte des Landes.

TOUR-START:

Startpunkt der Tour ist **Vilnius** › S. 56, dessen Sehenswürdigkeiten der gesamte erste Tag gewidmet ist. Am zweiten Tag führt der Weg zur archäologischen Stätte **Kernavė** 2 › S. 74, Litauens ältester Hauptstadt, die wissenschaftlich belegt bereits vor 800 Jahren besiedelt war. Den dritten Tag verbringt man in **Trakai** 1 › S. 73, das vor Vilnius Residenz des Fürstentums Litauen war (Übernachtung in Vilnius). Nächstes Etappenziel ist **Kaunas** 7 › S. 75 (Übernachtung), zwischen den Weltkriegen Regierungssitz der

Idyllisch liegt das Wasserschloss Trakai im Galvė-See

jungen Republik. Von hier aus steuert man **Klaipėda** `14` › S. 80 an, die einstige Metropole des Memellandes (Übernachtung). Am Morgen des nächsten Tages setzt man auf die Kurische Nehrung › S. 83 über und

reist zur Inselhauptstadt **Nida** `17` › S. 83 weiter. Die nördlich von Klaipėda gelegene litauische Sommerhauptstadt **Palanga** `13` › S. 79 ist die letzte Station der Reise, bevor man nach Vilnius zurückkehrt.

UNTERWEGS IN LITAUEN

LITAUENS OSTEN

TRAKAI `1` `2` ◖ E9

Seine einstige Bedeutung ist dem Städtchen (6000 Einw.) zwar nicht mehr anzusehen, doch bevor Fürst Gediminas die Residenz nach Vilnius verlegte, war Trakai Hauptstadt des Großfürstentums Litauen.

INSELBURG

Die Wasserburg Trakai ist Litauens Wahrzeichen. Sie liegt auf einer Insel im Galvė-See und ist nur zu Fuß über eine Holzbrücke zu erreichen. Die Festung wurde im 14. Jh. als Bollwerk gegen die Ordensritter errichtet und mehrfach ausgebaut, bevor russische Truppen sie 1655 schleiften. In den 1950er-Jahren wurde die Anlage aufwändig rekonstruiert. Heute beherbergt sie ein historisches Museum. Ein beschilderter Rundweg führt durch den Palas (Mai–Sept. tgl. 10–19, März/April und Okt. Di–So 10–18, sonst Di–So 10–17 Uhr, www.trakaimuziejus.lt).

Am Seeufer können Tret- und Ruderboote ausgeliehen werden. Gut markierte Wege laden zu Wanderungen durch die wundervolle Seenlandschaft ein.

HISTORISCHER STADTKERN

Von der ebenfalls im 14. Jh. erbauten **Halbinselburg** am Seeufer sind nur Ruinen erhalten. Die **Vytautas-Kirche** wurde 1409 vom litauischen Großfürsten gestiftet, ihre gotische Fassade bereitet kaum auf die barocke Pracht im Inneren vor.

Im Norden der Halbinsel ist ein kleines **Ethnografisches Museum** den Karäern gewidmet, einer jüdischen Splittergruppe (Karaimu 22, Mi–So 10–18 Uhr). Sie lebten ursprünglich auf der Krim, bevor Fürst Vytautas sie als Leibgardisten nach Trakai holte. Noch heute wohnen einige Karäer in der Altstadt.

HOTEL

Salos €€
Preiswertes Hotel in Seenähe mit Restaurant, Sauna, Pool und Nachtklub.
• Trakų 6 | 21104 Trakai
  Tel 5285 3990
  www.salos.lt

RESTAURANT

Kybynlar €
Traditionelle Küche der Karäer.
• Karaimų 29 | 21104 Trakai
  Tel. 6980 6320
  www.kybynlar.lt

Der Berg der Kreuze ist zugleich Pilgerziel und nationale Gedenkstätte

KERNAVĖ 2 ⭐ 📖 E9

Kernavė ist die älteste Hauptstadt des Landes. Auf der 40 km nordwestlich von Vilnius gelegenen, zum UNESCO-Weltkulturerbe zählenden archäologischen Stätte wurden Siedlungsreste gefunden, die auf das 10. Jh. v. Chr. zurückgehen. Andere entstammen dem frühen Mittelalter (April–Okt. Mi–So 10–18, Nov. bis März Di–Sa 10–16 Uhr, www.kerna ve.org).

EUROPA-PARK 3 📖 E9

19 km nördlich von Vilnius liegt das geografische Zentrum Europas. 1991 legte der litauische Künstler Gintaras Karosas hier den Europa-Park an – eine Art Freilichtmuseum für zeitgenössische Kunst. Auf Lichtungen im Wald sind heute über 100 Arbeiten von Künstlern aus aller Welt ausgestellt. Ein Monument zeigt die Entfernungen zu diversen europäischen Metropolen an (tgl.

10 Uhr bis Sonnenuntergang, Einlass bis 19 Uhr, Restaurant mit schöner Terrasse, www.europosparkas.lt).

ZENTRALLITAUEN

TELŠIAI 4 📖 C7 UND ŠIAULIAI 5 📖 D7

Eine ländliche Idylle aus Feldern, Wäldern und Seen umgibt den Bischofssitz **Telšiai,** eine der ältesten Städte des Landes. Wegen ihrer schönen Lage auf Hügeln am Fluss Durbinis lohnt ein Stopp. Sehenswert ist der Bischofsdom, ein spätbarocker Bau mit achteckigem Turm.

In **Šiauliai** (113 000 Einw.) besiegte Fürst Mindaugas 1236 den Schwertritterorden. Die Altstadt wurde im Zweiten Weltkrieg weitgehend zerstört und nicht wieder aufgebaut. Ein Prunkstück blieb jedoch erhalten: die Kirche St. Peter und Paul, ein schöner Renaissancebau mit 70 m hohem Glockenturm.

INFO

Touristeninformation Šiauliai
• Vilniaus 213 | 76348 Šiauliai
  Tel. 4152 3110 | www.siauliai.lt

HOTEL

Šaulys €€
Modernes, komfortables Hotel im Zentrum.
Bewachter Parkplatz, Restaurant.
• Vasario 16 | 76351 Šiauliai
  Tel. 4152 0812 | www.saulys.lt

RESTAURANT

Juoné Pastuogé €
Deftige regionale Küche in rustikalem Ambiente; abends Livemusik.
• Aušros 31a | 76300 Šiauliai
  Tel. 4152 4926

BERG DER KREUZE D7

Etwa 20 km nordwestlich von Šiauliai liegt der wichtigste Wallfahrtsort der gläubigen Litauer. Seit dem 19. Jh. stellen Pilger auf dem Hügel am Kulpé-Ufer Kreuze auf, aus allen erdenklichen Materialien, mit Rosenkränzen und Heiligenbildern behängt. Sie symbolisieren eine Bitte oder sind Ausdruck des Danks. Die Sowjets versuchten das Denkmal zu zerstören, konnten die Kreuze jedoch nicht so schnell niederreißen, wie sie von den Gläubigen wieder aufgerichtet wurden – auf eindrucksvolle Weise verbündeten sich hier Frömmigkeit und politischer Widerstand.

KAUNAS 7 ⭐ E9

Idyllisch liegt Kaunas zwischen grünen Hügeln am Zusammenfluss von Neris und Nemunas. Die Altstadt gehört mit ihren Kirchen und restaurierten Bürgerhäusern zu den schönsten des Baltikums. Mit ihren 321 000 Einwohnern, den sechs Hochschulen und einem regen Kulturleben sieht sich die Stadt gern als heimliche Hauptstadt Litauens. Nach dem Ersten Weltkrieg, als Vilnius zu Polen gehörte, war sie es tatsächlich. Immerhin 20 Jahre – von 1920 bis 1940 – währte das Provisorium.

ALTSTADT

Die verkehrsberuhigte Vilniaus gatvé lädt mit Geschäften und Cafés

👍 GRATIS ENTDECKEN

• Im Baltikum ist das **Couchsurfing** weit verbreitet. Viele Letten, Esten und Litauer sind so bereits um die halbe Welt gereist und stellen, wie üblich, auch selbst ein Bett in ihrer Wohnung zur Verfügung (Infos unter www.couchsurfing.com).
• **Kostenlose Stadtführungen** auf Englisch in Vilnius (Start: Rathaus, Didžioji 31), Rīga (Start: Petrikirche) und Tallinn (Start: TIC Niguliste 2) organisiert Free Yellow Tours (tgl. 12 Uhr, Dauer 2–3 Std., http://freetour.traveller.ee).
• Estland ist ein WLAN-Paradies – der nächste Wifi.ee-Hotspot ist nie weit entfernt. **Kostenlosen Internetzugang** hat man nicht nur in Cafés, sondern auch in Supermärkten, Tankstellen, Zügen und Bussen, auf Plätzen und in Parks (www.wifi.ee).

zum Bummeln ein. Sie führt zum **Rathausplatz** (Rotušės aikštė), den mittelalterliche Kaufmannshäuser säumen. Das 1542 errichtete **Rathaus** wird seiner schlanken Architektur wegen im Volksmund »Weißer Schwan« genannt und gleicht eher einer Kirche als einem Verwaltungsbau. Heute sind hier das Standesamt und das **Stadtmuseum** untergebracht, das über die Geschichte von Kaunas informiert (Di–Sa 10 bis 18, So 10–16 Uhr). Das nach dem litauischen Donnergott benannte **Perkūnas-Haus** an der Südseite des Platzes ist ein Juwel der Spätgotik. Die im oberen Teil üppig verzierte Fassade entstand aus 16 verschiedenen Ziegelarten. Von hier erreicht man die gotische **Vytautas-Kirche** am Fluss, ein Backsteinbau aus dem frühen 15. Jh., mit der die spät christianisierten Litauer beeindruckt werden sollten.

Jenseits des Rathausplatzes stehen die Überreste der **Kaunasser Burg.** Sie wurde im 13. Jh. errichtet, um deutsche Kreuzritter abzuwehren. Im Laufe der Geschichte wurde sie mehrmals belagert; das Hochwasser der Neris tat ein Übriges. Die gotische **Kathedrale St. Peter und Paul** an der Vilniaus gatvė wurde ab 1408 errichtet und über die Jahrhunderte mehrfach umgebaut. Aus der Entstehungszeit blieben nur die schönen Netzgewölbe in Hauptschiff und Chor erhalten.

M. K. ČIURLIONIS-MUSEUM

Dem bekanntesten litauischen Maler und Komponisten › S. 47 ist in der Neustadt ein Museum gewidmet. Zu sehen sind ca. 300 Zeichnungen und Gemälde, auch seinen Symphonien kann man lauschen. (Putvinskio 55, Di–So 11–17, Do 11–19 Uhr, www.ciurlionis.lt).

Graffiti peppen die grauen Hauswände in Kaunas farblich auf

TEUFELSMUSEUM

In den Glasvitrinen dieses einzigartigen Museums sind über 2000 Teufel aus der ganzen Welt vereint. Bis heute wird die Sammlung ständig erweitert – zu verdanken ist sie dem Maler Antanas Žmuidzinavičius (1876–1966), dessen Arbeiten hier ebenfalls zu besichtigen sind (Putvinskio 64, Di–So 11–17, Do 11–19 Uhr, www.ciurlionis.lt).

INFO

Touristeninformation Kaunas
• Laisvės 36 | 44240 Kaunas
  Tel. 3732 3436 | www.visit.kaunas.lt

HOTELS

Daugirdas €€€
Stilvolles Hotel in der Altstadt mit historischem Flair, das zugehörige Restaurant ist in einem Kellergewölbe aus dem 16. Jh. untergebracht.
• Daugirdo 4 | 44279 Kaunas
  Tel. 3730 1561
  www.daugirdas.lt

Perkūno Namai €€
Modernes Ambiente, schöne Lage auf einem Hügel unter Eichen. Restaurant mit Sommerterrasse.
• Perkūno 61 | 44226 Kaunas
  Tel. 3732 0230
  www.perkuno-namai.lt

RESTAURANTS

Medžiotojų Užeiga €€
Gepflegtes Restaurant am Rathausplatz. Auf der Karte stehen neben litauischen Spezialitäten auch viele Wildgerichte.
• Rotušės 10 | 44280 Kaunas
  Tel. 3732 0956
  www.medziotojai.lt

Avilys €
Litauische Küche und hausgebrautes Bier in einem Keller in der Altstadt.
• Vilniaus 34 | 44287 Kaunas
  Tel. 6996 6239 | www.avilys.lt

KLOSTER PAŽAISLIS 8 ▌ E9

Das Kloster Pažaislis (Pažaislio vienuolynas) zählt zu den schönsten Barockanlagen in Litauen. Es wurde zwischen 1664 und 1719 von italienischen Baumeistern für den Kamaldulenserorden errichtet, der als besonders streng galt. Noch heute existieren zwei der schlichten Eremitagen, in die sich die Mönche zu lebenslanger Andacht einmauern ließen (Di–Fr 10–17, Sa 10–16 Uhr, www.pazaislis.org).

FREILICHTMUSEUM RUMŠIŠKĖS 9 ▌ E9

In dem 20 km östlich von Kaunas gelegenen Freilichtmuseum sind Szenen dörflichen Lebens aus allen vier historischen Regionen Litauens nachgestellt. Die meisten der 140 Gebäude sind originalgetreu ausgestattet. Regelmäßig finden Handwerksvorführungen statt, am Wochenende kann man Volksmusikkonzerte und Tanzabende genießen. In einer Dorfschänke wird traditionell gekocht (Mai–Sept. tgl. 10–18 Uhr, www.llbm.lt).

BIRŠTONAS 10 ▌ E9

Der kleine Kurort (3200 Einw.) liegt malerisch in einer Nemunas-Schleife. Sein mildes Klima und die ruhige Lage inmitten dichter Kiefernwälder machen ihn zur Erholungsoase. Seit 1846 stehen die Mineralquellen der Gegend im Dienst der Gesundheit. Die meisten Besucher lockt jedoch die umgebende Natur: Unmittelbar an Birštonas schließt der **Nemunas-Regionalpark** an, wo man auf ausgeschilderten Wegen wandern und dabei nach Beeren und Pilzen suchen kann.

INFO

Touristeninformation Birštonas
- B. Sruogos 4
  59209 Birštonas
  Tel. 3196 5740
  www.visitbirstonas.lt

HOTEL

Versmė €
Postsozialistisches Kurhotel (Schlammbäder, Unterwassermassagen). Restaurant mit schöner Terrasse.
- B. Sruogos 9
  59209 Birštonas
  Tel. 3196 5673
  www.versme.com

DRUSKININKAI 11 📖 E10

Der bedeutendste Kurort des Landes wird vor allem wegen seiner Mineralquellen besucht. Elegante Holzvillen, Parks und das schöne Nemunas-Ufer prägen sein Bild. Östlich der Stadt erstreckt sich der **Dzūkija-Nationalpark** (www.cepkeliai-dzukija.lt), der Sumpfwälder und Litauens größtes Hochmoor schützt.
> mehr S. 17 Punkt 32

Der Maler und Komponist Mikalojus Konstantinas Čiurlionis > S. 47 verbrachte in Druskininkai prägende Jahre. Sein Elternhaus in der Čiurlionio gatvė 35 beherbergt heute das **Čiurlionis-Museum** mit einer Ausstellung zu Leben und Werk des Künstlers (Di–So 11–17 Uhr, www.ciurlionis.lt).

In derselben Straße informiert das **Girios Aidas-Museum** über die Flora und Fauna der umliegenden Wälder (Nr. 116, Di–So 10–18 Uhr, www.dmu.lt).

INFO

Touristeninformation Druskininkai
- Čiurlionio 65 | 66142 Druskininkai
  Tel. 3135 1777
  http://info.druskininkai.lt

HOTEL

Spa Vilnius Sana €€
Wellnesshotel mit Schlammbädern, Kräuterbädern und Massage.
- K. Dineikos 1 | 66165 Druskininkai
  Tel. 3135 3811
  www.spa-vilnius.lt

RESTAURANT

Regina €€
Größtes Restaurant der Stadt, beliebter Treffpunkt. Internationale Küche.
- Kosčiuškos 3 | 66116 Druskininkai
  Tel. 3135 1243
  www.regina.lt

GRŪTAS-PARK 12 📖 E10

Ausrangierte Denkmäler sowjetisch-kommunistischer Helden haben in diesem etwas bizarren Freilichtmuseum eine letzte Ruhestätte gefunden. Da liegen nun die Köpfe von Lenin und Stalin, und auch dem einen oder anderen Marx und Engels wird hier Asyl gewährt. Eine Ausstellung erinnert an die Deportationen (Sommer tgl. 9–22, Winter 9–17 Uhr, www.grutoparkas.lt).

OSTSEEKÜSTE

PALANGA 13 📖 B8

Im Winter hat der größte litauische Badeort 20 000 Einwohner, an Sommerwochenenden 200 000. Die Saison ist kurz und heftig: Von Ende Juni bis August tobt das Leben, dann senkt sich Ruhe über die Stadt. › mehr S. 13 Punkt ❽ Vor allem Einheimische lieben Palanga – für seinen herrlichen Sandstrand fast so sehr wie für sein buntes Nachtleben. Die Basanavičiaus gatvė, die zum Strand führt, säumen Cafés, Bars, Spielsalons und Klubs – hier sieht Palanga ein bisschen aus wie Rimini. Nur, dass man unter Kastanien flaniert und beiderseits der Straße schöne alte Holzvillen stehen. Bei Sonnenuntergang trifft man sich am Pier, der 600 m weit ins Meer hineinragt. › mehr S. 16 Punkt ❷❻

BERNSTEINMUSEUM

Palangas Hauptattraktion, das Bernsteinmuseum, ist im einstigen Schloss des litauischen Grafen Tiškevičius untergebracht. Die ebenfalls auf den Grafen zurückgehende Sammlung ist eine der umfangreichsten der Welt. 4500 Bernsteine sind in 15 Sälen ausgestellt, viele davon mit sog. Inklusen, Einschlüssen von kleinen Lebewesen oder Pflanzenresten. Zudem erfährt man Interessantes über Entstehung und Verarbeitung des »Ostseegoldes« (Juni–Aug. Di–Sa 10–20, So 10–19, sonst Di–Sa 11–17, So 11–16 Uhr, www.ldm.lt). Der Schlosspark ist heute ein Botanischer Garten mit hübschen Spazierwegen.

INFO

Touristeninformation Palanga
• Vytauto 94 | 00132 Palanga
  Tel. 4604 8811 | www.palangatic.lt

HOTELS

Baltic Inn €€€
Neueres Hotel in Strandnähe mit internationalem Restaurant, die modern ausgestatteten Zimmer verfügen alle über einen Balkon.
• S. Daukanto 10a | 00135 Palanga
  Tel. 4603 0400 | www.balticinn.lt

DIE ATTRAKTIVSTEN STRÄNDE

• **Palanga, Litauen** › S. 79.
  Beidseits der Seebrücke tobt abends das Partyleben.

• **Ostseestrand in Nida auf der Kurischen Nehrung** › S. 83.
  Gleich hinter dem Strand erstreckt sich ein Gürtel sonnendurchfluteten Mischwalds.

• **Jūrmala, Lettland** › S. 104.
  Der kilometerlange Sandstrand, über dem alljährlich die Blaue Flagge weht, bietet viel Platz für quirliges Beachlife.

• **Pärnu, Estland** › S. 136.
  Der feinsandige Strand fällt flach ab – kleine Kinder können hier gefahrlos planschen.

• **Strand von Võsu im Lahemaa-Nationalpark** › S. 138.
  Dünen, duftende Kiefernwälder und ungestörte Einsamkeit.

• **Peipus-See in Estland** › S. 144.
  Man wähnt sich am Meer – nur das Wasser ist süß.

Palanga Hotel €€€
Spa-Hotel mit avantgardistischer Architektur, Pool und Saunakomplex.
• Birutės 60
  00135 Palanga
  Tel. 4604 1414
  www.palangahotel.lt

RESTAURANT
Žuvinė €€
Sehr gute Fischspezialitäten, wunderschöne Terrasse.
• Basanavičiaus 37a
  00135 Palanga
  Tel. 6565 9647
  http://zuvine.lt

NIGHTLIFE
Villa Ramybė
Schicke Hotelbar mit Kulturterrasse, im Sommer gelegentlich Live-Jazz.
• Vytauto 54 | 00132 Palanga
  www.ramybepalanga.lt

Ramybės kultūros centras
Musikklub in einem alten Kino.
• Vytauto 35 | 00135 Palanga
  Tel. 6484 6042
  www.ramybepalanga.lt

VERKEHRSMITTEL
• **Busbahnhof:** Im Zentrum, Kretingos 1. Inlandsverbindungen u. a. nach Vilnius, Kaunas, Šiauliai und Klaipėda sowie Busse nach Liepāja und Rīga.

KLAIPĖDA 14 📱 C8
Vor 100 Jahren lebten fast so viele Deutsche wie Litauer in der Stadt, die damals Memel hieß. Man sieht es noch: »Germania-Speicher« ist in verblassten Lettern an einer alten Fassade am Danėufer zu lesen. 1923 fiel Klaipėda an Litauen, 1939 ging es an Deutschland zurück. Im Zweiten Weltkrieg wurde die Stadt stark zerstört, fast alle Einwohner flohen. Heute leben 161 000 Menschen in Klaipėda, das trotz des großen Industriehafens eine angenehme Kleinstadtatmosphäre bewahrt hat. Die Altstadt neben der Burg, in der noch vieles an die deutsche Vergangenheit erinnert, steht unter Denkmalschutz.

ALTSTADT
Die geometrisch angelegte Altstadt erstreckt sich am Südufer der Danė. Ihr Mittelpunkt ist der frisch restaurierte Theaterplatz (Teatro aikštė). Vor dem Simon-Dach-Brunnen mit der **Ännchen-Statue,** die das aus dem Volkslied bekannte Ännchen von Tharau darstellt, verkaufen Kinder die deutschsprachige Zeitung, die hier noch immer erscheint. Die ältesten Häuser der Stadt, darunter schöne Fachwerkbauten, sind in der Aukštoji gatvė zu bewundern. In der **Alten Post** (Nr. 13) kann man seine Urlaubsgrüße mit Sonderstempeln versehen lassen, im Nebenraum wird Kunsthandwerk gezeigt. Ausstellungen zeitgenössischer litauischer Kunst finden im restaurierten **Alten Speicher** statt (Nr. 3). Das nahe **Historische Museum von Klein-Litauen** (Mazosios Lietuvos istorijos muziejus) dokumentiert die Geschichte des Memellandes mit seiner von Litauern, Deutschen und Juden geprägten Kultur (Didžioji Vandens 2, Di bis Sa 10–18 Uhr, www.mlimuzie jus.lt).

Das lebhafte Ostseestädtchen hat auch seine stillen Winkel

NEUSTADT

Nördlich der Danė ist die Liepų gatvė (Lindenstraße) sehenswert, in der um 1900 vermögende deutsche Bankiers und Kaufleute residierten. Repräsentative Bauten des Historismus, Läden und Cafés säumen die hübsche Allee. Eines der schönsten Gebäude (Nr. 16) ist das **Hauptpostamt** von 1893, ein neugotischer Bau mit Glockenspiel. Auf Kulturinteressierte warten das **Uhrenmuseum** (Nr. 12, Di–Sa 12–18, So 12–17 Uhr) und die **Gemäldegalerie** mit litauischer Kunst des 18.–20. Jhs. (Nr. 33, Di–Sa 12–18, So 12–17 Uhr). Am Ende der Straße liegt der **Skulpturenpark** (Mažvydo skulptūrų parkas). An der Stelle des alten Zentralfriedhofs, den die Sowjets 1977 planierten, sind heute unter freiem Himmel die Arbeiten litauischer Bildhauer ausgestellt.

INFO

Touristeninformation Klaipėda
- Turgaus 7 | 91247 Klaipėda
  Tel. 4641 2186
  www.klaipedainfo.lt

HOTELS

Amberton Klaipėda €€€
Großes, modernes Hotel am Hafen; umfassendes Serviceangebot. Vom Grillrestaurant in der 12. Etage genießt man einen schönen Panoramablick.
- Naujojo Sodo 1
  92118 Klaipėda
  Tel. 4640 4372
  www.ambertonhotels.com

Navalis €€€
Komfortables, relativ neues Hotel in der Altstadt, mit Pool.
- H. Manto 23 | 92234 Klaipėda
  Tel. 4640 4200
  www.navalis.lt

REIZVOLLE WANDERUNGEN

- **Wanderung im Aukštaitija-Nationalpark** von Paluše > S. 42 durch verwunschenen Wald zum idyllisch an einem See gelegenen Dorf Kaltanėnai (12 km; Info bei der Parkverwaltung in Paluše).
- **Čiurlionis-Weg im litauischen Dzūkija-Nationalpark** > S. 78. An einem lauschigen Waldweg machen 24 Skulpturen mit dem Werk des Künstlers bekannt (45 km; Info beim Tourismusbüro Druskininkai).
- **Küstenwanderung auf der Kurischen Nehrung** > S. 83: zwischen Haff und himmelhohen Dünen (Tourenvorschläge bei der Touristeninformation in Nida).
- **Strandwanderung im Westen Lettlands** – ob man am windumtosten Kap Kolka > S. 105 aussteigt oder in Ventspils > S. 105: Bis zum Horizont geht es weiter.
- **Wanderung im Gauja-Nationalpark** > S. 113 von Sigulda > S. 111 nach Līgatne durch das Urstromtal der Gauja.
- **Vōsu-Oandu-Weg im Lahemaa-Nationalpark** > S. 138: an einem Biberflusses entlang durch uralten, sich selbst überlassenen Wald (10 km; Info im Besucherzentrum in Palmse).
- **Riesige Findlinge, stille Buchten: Umrundung der Halbinsel Käsmu** > S. 138 im estnischen Lahemaa-Nationalpark (14 km; Info im Besucherzentrum in Palmse)..

RESTAURANTS

Friedricho €€

Malerischer Innenhof mit mehreren Lokalen. Das Friedricho Restaurant serviert feine mediterrane Küche.

- Tiltų 26a | 91246 Klaipėda
  Tel. 4630 1070
  www.pasazas.lt

Stora Antis €€

Familiengeführtes Lokal in einem urigen Kellergewölbe mit litauischer und osteuropäischer Küche.

- Tiltu 6
  91248 Klaipėda
  Tel. 6862 5020
  www.storaantis.lt

NIGHTLIFE

Herkus Kantas

Beliebte Kneipe in einem Altstadtkeller mit toller Atmosphäre, hervorragender Bierauswahl und Restaurant.

- Kepėjų 17
  91249 Klaipėda
  Tel. 6858 7338
  www.herkuskantas.lt

VERKEHRSMITTEL

- **Fähren zur Kurischen Nehrung:** Vom Alten Hafen (Senoji perkėla) am südlichen Danėufer (Žvejų gatvė) nach Smiltynė (im Sommer 2-mal, im Winter 1-mal stdl.), nur für Passagiere. Die Autofähre legt vom Neuen Hafen (Naujoji perkėla) im Stadtteil Smeltė ab (Nemuno gatvė 8, ausgeschildert); zu Stoßzeiten im Sommer alle 20 Min., im Winter alle 40 Min., sonst 1-mal stdl. Fahrpläne: www.keltas.lt; Info-Tel. 4631 1117, 6985 4050 (rund um die Uhr). Preise: pro Pkw 12,30 €, pro Fahrrad 1€, pro Person 1 €.

KURISCHE NEHRUNG 4

Die berühmte Landzunge erstreckt sich über 98 km vor der Küste. An ihrer schmalsten Stelle ist sie 380 m breit, an der weitesten 2,8 km – das Rauschen der Ostsee ist fast überall zu hören. Ganz leicht verliert man hier das Zeitgefühl: Der Gegend mit Kiefernwäldchen, Dünen und schmucken Fischerdörfern haftet etwas Weltentrücktes an.

Achtung: Die Nehrung ist Naturschutzgebiet. Autotouristen müssen Gebühren zahlen: 20. Juni–20. Aug. 20 €, 21. Aug.–19. Juni 5 €, Motorräder immer 5 €. Parken ist nur auf offiziellen Parkplätzen erlaubt.

SMILTYNĖ 15 ▮ B8 UND JUODKRANTĖ 16 ▮ B8

Smiltynė (Sandkrug) besitzt neben schönen Stränden ein Meeresmuseum mit Aquarium und Delfinarium (Juni–Aug. Di–So 10.30–18.30, April/Mai, Sept. Mi–So 10.30–17, Okt.–März Fr–So 10.30–16.30 Uhr, www.juru.muziejus.lt). Weiter fährt man durch lichten Kiefernwald nach Juodkrantė, dem ältesten Ort der Nehrung mit 2 km langer Haffpromenade. Ein Rundweg führt vom südlichen Ortsrand auf den nahen Hexenberg (Raganu), vorbei an bis zu 5 m hohen Holzschnitzfiguren, die litauischen Märchen entsprungen sind. Den Weg nach Pervalka begleiten große Wanderdünen.

NIDA 17 ▮ B8

In Nida, dem schönsten Ort auf der Halbinsel, endet der litauische Teil der Nehrung. Seine außergewöhnli-

che Natur zog von jeher Künstler an, wie Anfang des 20. Jhs. die Expressionisten Ernst Ludwig Kirchner, Karl Schmidt-Rottluff und Max Pechstein. Als Künstlertreff etablierte sich der **Gasthof Blode,** wo Thomas Mann bei seinem ersten Besuch in Nida abstieg. Das Haus gehört heute zum Hotel Nidos Banga, es gibt aber eine kleine Ausstellung zu sehen (Skruzdynės 2, Mai–Okt. tgl. 9–19 Uhr).

Das mit Reet gedeckte **Thomas-Mann-Haus** ließ der Schriftsteller 1930 auf dem »Schwiegermutterberg« erbauen, er war begeistert von der Aussicht. Heute ist das Haus ein Gedenkmuseum für den Nobelpreisträger (Skruzdynės 17, Mai–Mitte Sept. tgl. 10–18, sonst Di–Sa 10 bis 17 Uhr, www.mann.lt).

Das Zentrum von Nida prägen kurische Fischerhäuser mit blaugerahmten Fenstern und Dachfirsten. Im Hafen liegen Kurenkähne mit geschnitzten Wimpeln. › mehr S. 12 Punkt 6

GROSSE DÜNE ⭐

Von einzigartiger Schönheit ist die Große Düne, die mit 60 m zu den höchsten Europas zählt. Von den schneeweißen Sandbergen hat man einen wundervollen Blick auf Haff und Ostsee. Im Süden Nidas beginnt am Strand eine Holztreppe, die über 159 Stufen auf die Düne führt. Weniger beschwerlich ist der Weg durch die Naglių gatvė und das anschließende Kiefernwäldchen am Urbo-kalnas-Hügel. Zum Schutz der Düne darf man die befestigten Wege nicht verlassen.

Die besten Bademöglichkeiten bietet die Ostseeküste, die man auf einem Fußpfad durch den Wald in ca. 15 Min. erreicht. Die Blaue Flagge signalisiert gute Wasserqualität.

INFO

Touristeninformation Nida
• Taikos 4 | 93121 Neringa
  Tel. 4695 2345 | www.visitneringa.com

HOTELS

Schöner als die Hotelkästen sind Privatunterkünfte (Touristeninformation). Für Juli und August unbedingt rechtzeitig buchen!

Miško namas €€
Schöne, den alten Fischerkaten nachempfundene Holzvilla mit Garten.
• Pamario 11 | 93124 Neringa
  Tel. 4695 2290 | www.miskonamas.com

Nidos Banga €€
Der ehemalige Gasthof Blode, in den 1920er-Jahren ein Künstlertreff, ist heute in mehrere Pensionen aufgeteilt.
• Skruzdynés 2 | 93123 Neringa
  Tel. 4695 2221 | www.hotelbanga.lt

RESTAURANTS

Nidos Seklyčia €€€
Litauische und internationale Küche bei schönem Blick auf Dünen und Haff.
• Lotmiškio 1 | 93123 Neringa
  Tel. 4695 0000 | www.neringaonline.lt

Sena sodyba €€
Hübsches Gartenlokal mit frischen Fischspezialitäten wie Aalschaschlik; gutes Preis-Leistungs-Verhältnis. Nur während der Saison geöffnet.
• Naglių 6 | 93123 Neringa
  Tel. 6521 2345 | www.senasodyba.lt

MEMELDELTA

Das Zusammenspiel von Land und Wasser prägt die stille Natur um das weit verzweigte Memeldelta. Kleine Fischerorte säumen die Haffküste, im sanft gewellten Hinterlandes liegen verträumte Dörfchen.

Die Memelregion ist in den Sommermonaten ein lohnendes Ziel für Wanderer (Karten bei der Touristeninformation in Šilutė). Als Ausgangsbasis empfiehlt sich das Städtchen Šilutė 18 C8 (Heydekrug) inmitten einer Heide- und Moorlandschaft. Zauberhaft wirkt auch Minija 19 C8, ein recht ursprüngliches Fischerdorf am Ufer des gleichnamigen Flusses. In Ventė 20 C8 bietet der Leuchtturm einen schönen Blick auf die Nehrung. Zur ornithologischen Beringungsstation gehört eine kleine Ausstellung (Führung nach Anmeldung unter Tel. 6389 0619, http://vros.lt).

INFO

Touristeninformation Šilutė
Vermittlung von Privatunterkünften.
• Lietuvininkų 4 | 99179 Šilutė
  Tel. 4417 7785 | www.siluteinfo.lt

HOTELS

Liepa €
Gemütliches Hotel in klassizistischer Villa.
• Liepų 10 | 99184 Šilutė
  Tel. 6160 3050 | www.liepainn.lt

Deims €
Zimmer in zentraler Lage, Restaurant, Bar, Vermittlung von Bootsausflügen.
• Lietuvininkų 70 | 99172 Šilutė
  Tel. 4415 2345
  www.deims.lt

RĪGA

Jenseits der Daugava
wächst Rīga mehr und
mehr auch in die Höhe

Das urbane Zentrum des Baltikums vereint Groß-stadtflair und historischen Charme. Steinerne Zeugen aus der Hansezeit faszinieren ebenso wie einzigartige Jugendstilensembles oder mit Schnitze-reien verzierte Holzhäuser.

Rīga besitzt, was eine Großstadt ausmacht: Weltläufigkeit, urbanes Flair, lebhafte Straßen und Plätze – und jede Menge Cafés. Seit der Un-abhängigkeit boomt in Rīga die Wirtschaft: Neue Geschäfte sprie-ßen wie Pilze aus dem Boden, und an jeder Ecke haben Straßenhändler ihre Stände aufgestellt. Dass das Handeln den Rīgaern schon immer im Blut lag, bezeugen auch die Ju-gendstilhäuser, die reiche Kaufleute errichten ließen. Ihrer Baufreude in der Ära des Art nouveau ist es zu verdanken, dass Rīgas Zentrum heute zum UNESCO-Weltkultur-erbe zählt. Rīgas Geschichte reicht aber noch viel weiter zurück. Von der glanzvollen Vergangenheit der über 800 Jahre alten Hansestadt zeugt die gut erhaltene Altstadt mit Gildehäusern, Ordensschloss, Dom und Petrikirche.

Ein weiterer Publikumsmagnet liegt vor den Toren Rīgas an einem See: Mit über 100 historischen Bau-ten dokumentiert das Ethnografi-sche Freilichtmuseum die bäuerli-che Kultur Lettlands.

Rīga bietet aber nicht nur sehens-werte historische Architektur, son-dern auch ein lebendiges Kulturle-ben. 30 Museen, 26 Hochschulen sowie 12 Theater und Opernhäuser tragen zur hohen Lebensqualität der baltischen Metropole bei.

TOUREN IN RĪGA

7

DIE ALTSTADT

ROUTE: Petrikirche › Rathausplatz › Große und Kleine Gilde › Pulver-turm › Jakobikirche › Drei Brüder › Schloss › Domplatz

KARTE: Seite 88

DAUER: etwa 3 Std.
PRAKTISCHER HINWEIS:
• Beim Pflastertreten machen sich bequeme Schuhe bezahlt.

TOUR-START:
Nachdem man sich vom Turm der **Petrikirche** **3** › S. 90 einen ersten Überblick über die Altstadt ver-schafft hat, schlendert man zum **Rathausplatz** › S. 90, der von der schmucken Backsteinfassade des

Die Drei Brüder genannten Häuser gehören zu den ältesten in Rīga

Schwarzhäupterhauses **2** › S. 90 dominiert wird. Über die Kaļķu iela gelangt man zur Meistaru iela mit ihren bunten Handwerkerhäusern. Hier stehen auch die **Große und Kleine Gilde** **5** › S. 91 sowie das originelle **Katzenhaus** › S. 91. Das Ende der Straße markiert der massige Rundbau des mittelalterlichen **Pulverturms** **6** › S. 91. Über die Smilšu und die Aldaru iela bummelt man dann zum spätgotischen Backsteinbau der **Jakobikirche** **8** › S. 92, von hier ist es nicht mehr weit zum schönen Gebäudeensemble der **Drei Brüder** **9** › S. 92. Über die Maza Pils iela erreicht man das **Schloss** **10** › S. 92, das heute als Präsidentensitz fungiert. Letzte Station des Rundgangs ist der Domplatz mit dem **Dom** **11** › S. 92, dem größten Gotteshaus des Baltikums. Viele Kneipen und Cafés haben Tische im Freien aufgestellt.

TOUR 8

GLANZLICHTER DES JUGENDSTILS

ROUTE: Kunstakademie › Kronvaldpark › Strēlnieku iela › Alberta iela › Elizabetes iela

KARTE: Seite 88
LÄNGE: Etwa 2 Std. Die Distanzen sind nicht groß, doch man kommt langsam voran, weil man ständig nach oben schaut.
PRAKTISCHE HINWEISE:
• Die meisten der Jugendstilgebäude sind nur von außen zu besichtigen. Bitte nicht bei den BEwohnern klingen!
• Jugendstilzentrum Mo geschl.

TOUREN IN RĪGA

TOUR 7

RĪGAS ALTSTADT

TOUR 8

GLANZLICHTER DES JUGENDSTILS

TOUR 9

DAS JÜDISCHE RĪGA

1 Okkupationsmuseum
2 Schwarzhäupterhaus
3 Petrikirche
4 Konventa Sēta
5 Große und Kleine Gilde
6 Pulverturm
7 Schwedentor
8 Jakobikirche
9 Drei Brüder
10 Schloss (Rīgas pils)
11 Dom

12 Opernhaus
13 Freiheitsdenkmal
14 Nationales Kunstmuseum
15 Ehemaliges KGB-Haus
16 Elizabetes iela
17 Strēlnieku iela
18 Alberta iela
19 Ethnografisches Freilichtmuseum

TOUR-START:

Der Rundgang startet an der Esplanāde. An ihrem südlichen Ende liegt die **Lettische Kunstakademie.** Das Gebäude wurde zu Beginn des 20. Jh. erbaut. Die schöne Fassade kombiniert Elemente des Historismus und des Jugendstils. Am hübschen Kronvaldpark entlang flaniert man nun weiter zur **Strēlnieku iela 17 › S. 94** und befindet sich in einem Viertel, in dem die Blumen geradezu aus den Fassaden zu wachsen scheinen. Die rechte Straßenseite säumen besonders prächtige Jugendstilbauten. Architekt des Hauses Nr. 4 war Michael Eisenstein › S. 46, 94. Nachdem man die Strēlnieku iela bis zur Kreuzung Dzirnavu iela abgeschritten hat, dreht man sich um und biegt schließlich in die **Alberta iela 18** **› S. 94** ein. Gleich an der Ecke (Nr. 12) steht ein Wohnbau, dessen Treppenhaus man häufig auf Fotos sieht. Es ist tatsächlich wunderschön. Wenn die Tür verschlossen ist, sollte man allerdings nirgendwo klingeln. Die Alberta iela glänzt mit weiteren prachtvollen Jugendstilbauten, darunter ein Ensemble mit fünf von Eisenstein entworfenen Häusern: die Nummern 2, 2a, 4, 6 und 8. Wenn man am Ende der Straße rechts abbiegt, trifft man auf die **Elizabetes iela 16 › S. 94.** Auch hier hat sich Eisenstein mit den Häusern Nr. 10 b und 33 verewigt. Die berühmtesten Jugendstilbauten hat man nun gesehen, doch wenn man weiter durch die Neustadt bummelt, wird man noch manch weiteres Juwel entdecken.

TOUR 9

DAS JÜDISCHE RĪGA

ROUTE: Moskauer Vorstadt › Synagoge Greise Hor Shul › Getto-Museum › Synagoge Peitav Shul › Jüdisches Zentrum › Žanis-Lipke-Gedenkstätte

KARTE: Seite 88
DAUER: etwa 5 Std.
PRAKTISCHER HINWEIS:
• Die ersten drei Stationen der Tour sind zu Fuß erreichbar, die Gedenkstätte per Trolleybus 14 (ab Brīvības iela) oder Taxi.

TOUR-START:

Die jüdische Gemeinde spielte für Rīgas Stadtleben ein wichtige Rolle, bis die Nazis sie auslöschten. Dieser Rundgang erhellt eines der finstersten Kapitel der jüngeren Geschichte. Erstes Ziel ist die **Moskauer Vorstadt** südlich des Hauptbahnhofs. Im 19. Jh. war sie das wichtigste jüdische Wohnviertel, von 1941 bis 1943 befand sich hier das Getto. An der Ecke Gogoļa/Dzirnavu stehen die Ruinen der **Synagoge Greise Hor Shul.** Ein Gedenkstein erinnert daran, dass die Nazis hier am 4. Juli 1941 über 100 lettische und litauische Juden einpferchten, bevor sie die Synagoge in Brand setzten. Das **Getto- und Holocaust-Museum** im Speicherviertel versucht mit seiner eindrucksvollen Ausstellung, den

Opfern ein Gesicht zu geben, stellvertretend für Millionen Tote (Maskavas 14a, www.rgm.lv). Über den Zentralmarkt gelangt man zur **Synagoge Peitav Shul** (Peitavas 6/8). 1905 errichtet, überstand sie als einziges jüdisches Gotteshaus in Rīga den Holocaust. Durch die Altstadt läuft man nun zum **Jüdischen Zentrum.** Das kleine Museum stellt das jüdische Leben in Lettland vom 18. Jh. bis in die Gegenwart dar (Skolas 6, Mai–Sept. So–Fr, sonst So–Do 11–17 Uhr, www.ebrejumuzejs.lv). Zum Abschluss dieser Tour kann man entweder mit dem Bus oder mit dem Taxi zur **Žanis-Lipke-Gedenkstätte** auf der Flussinsel Ķīpsala fahren. Žanis Lipke versteckte während des Zweiten Weltkriegs mehr als 50 Juden in einer Scheune (Mazais Balasta dambis 9, Di–Mi, Fr, So 12–18, Do 12–20, Sa 10–16 Uhr, www.lipke.lv).

UNTERWEGS IN RĪGA

ALTSTADT

RATHAUSPLATZ ⭐

Am Rathausplatz dokumentiert das **Okkupationsmuseum** `1` ▮b3 die Zeit der Besetzung durch Deutsche und Sowjets. Der »schwarze Sarg«, wie der Bau aus den 1960er-Jahren auch genannt wird, beherbergte ursprünglich ein Museum für die lettischen Schützen, die im Ersten Weltkrieg auf russischer Seite gegen die Deutschen kämpften. Solange das Museum umgebaut wird, präsentiert man einen Teil der Exponate beim Freiheitsdenkmal › S. 93 (Raiņa bulvāris 7, Mo/Di, Do/Fr 10–17.30, Mi 12–19, Sa/So 10–16 Uhr, www.okupacijasmuzejs.lv).

Heiter wirkt das **Schwarzhäupterhaus** `2` ▮b3 (Melngalvju nams) mit der prächtigen Renaissancefassade aus dem 14. Jh., vor der eine Nachbildung der historischen Rolandsfigur wacht. Früher traf sich hier die Zunft unverheirateter Kaufleute. Heute kann man die mit Malereien und Stuck geschmückten Festsäle, die einfachen Kabinette und Kellerräume sowie eine erlesene Silbersammlung im Innern bewundern (Di–So 11–18 Uhr, www.melngalvjunams.lv)

PETRIKIRCHE `3` ▮b3

Der originale Roland ist in der nahen Petrikirche zu sehen. 1209 erstmals erwähnt, wurde das Gotteshaus im Lauf der Geschichte mehrmals zerstört und wieder aufgebaut. Die schwersten Schäden erlitt es im Zweiten Weltkrieg, dem auch das kostbare Interieur zum Opfer fiel. Heute dient der schmucklose Innenraum als Ausstellungsort. Der das Stadtbild dominierende barocke Turm besitzt in 72 m Höhe eine Aussichtsplattform, von der sich ein herrlicher Blick auf Altstadt und Daugava bietet (Mai–Aug. Mo bis Sa 10–19, So 12–19, Sept.–April bis 18 Uhr).

Rathausplatz mit Petrikirche und Schwarzhäupterhaus

KONVENTA SĒTA 4 📖 b3

Zum Einkaufsbummel in historischem Ambiente lädt das Konventa
Sēta ein: Das mittelalterliche Wit-
wenstift ist ein idyllisches Labyrinth
kleiner Innenhöfe mit Cafés, Restaurants, Geschäften und Hotel
(zwischen Skārņu und Kalēju iela).

GROSSE UND
KLEINE GILDE 5 📖 b2

Die Große und die Kleine Gilde (Lielā und Mazā gilde) bildeten früher
Gegenpole wirtschaftlicher Macht:
In der Großen Gilde trafen sich bis
ins 19. Jh. deutsche Kaufleute; in
der Kleinen Gilde war die Rīgaer
Handwerkerzunft zu Hause. Ihr heutiges Aussehen erhielten beide Häuser im 19. Jh. Die Große Gilde ist
die Spielstätte der Philharmoniker;
die Kleine Gilde wird für Konferen-
zen und Kulturveranstaltungen ge-

nutzt. Besonders schön sind ihre
wappenverzierten Fenster.

Dass Wohlstand und Exklusivität
der Hanse auch Missgunst erzeug-
ten, beweist das originelle **Katzenhaus** (Kaķu nams) schräg gegenüber: Es wurde von einem reichen
Kaufmann erbaut, den die Große
Gilde abgewiesen hatte. Aus Wut
ließ er zwei Katzenfiguren aufs Dach
setzen, die dem Gildehaus ihr Hin-
terteil zuwandten. Ein Affront, der
seine Wirkung nicht verfehlte: Nach
langen Diskussionen wurde der
streitbare Kaufmann schließlich
doch noch in die Gilde aufgenom-
men – unter der Bedingung, dass er
die Katzen umdrehte.

PULVERTURM 6 📖 b2

Bei dem backsteinernen Pulverturm
(Kara muzejs) mit seinen 3 m dicken
Mauern handelt es sich um den ein-

zigen erhaltenen Festungsturm der Stadt – ursprünglich waren es 28. Der massige Rundbau beherbergt heute passenderweise Teile des Lettischen Kriegsmuseums (Smilšu 20, April–Okt. tgl. 10–18, Nov.–März 10–17 Uhr, www.karamuzejs.lv).

SCHWEDENTOR 7 📖 b2

An der Ecke Torņa/Aldaru iela sieht man einen kleinen Rest der alten Stadtmauer. Als einziges Stadttor blieb das Schwedentor (Zviedru vārti) erhalten, das 1698 während der schwedischen Herrschaft durch ein mittelalterliches Wohnhaus gebrochen wurde.

JAKOBIKIRCHE 8 📖 b2

Die Jakobikirche stammt aus dem 13. Jh. und besitzt den einzigen erhaltenen gotischen Kirchturm Rīgas. 1522 feierte man hier den ersten reformierten Gottesdienst in Lettland; 60 Jahre später wurde die Kirche wieder katholisch und ist heute Sitz des Erzbischofs.

DREI BRÜDER 9 📖 b2

Wenige Schritte von der Jakobikirche entfernt stehen die Drei Brüder (Trīs brāļi) – das Ensemble erhielt seinen Namen analog zu den »Drei Schwestern« in Tallinn, die ein Kaufmann für seine Töchter errichtet haben soll › S. 120. Die Rīgaer Häuser können allerdings nicht das Geschenk eines Vaters an seine Söhne gewesen sein: Sie entstanden zu unterschiedlichen Zeiten im 15., 17. und 18. Jh. Das rechte Haus mit dem Stufengiebel gilt als ältestes Wohnhaus der Stadt.

SCHLOSS 10 📖 b2

Am Ufer der Daugava erhebt sich das Schloss (Rīgas pils), das 1330 als Ordensburg erbaut wurde. Bei Kämpfen zwischen Ordensrittern und Bürgern wurde es mehrmals zerstört und wieder aufgebaut. Nach dem Zerfall des Ordensstaates diente es als Residenz schwedischer und russischer Gouverneure, heute ist es Präsidentensitz. Es beherbergt das **Historische Museum,** das die Geschichte Lettlands von der Steinzeit bis zum 19. Jh. dokumentiert. Weil ein Brand im Sommer 2013 große Teile des Schlosses zerstörte, zeigt das Museum vorübergehend Teile seiner Ausstellung am Brīvības bulvāris 32 (Di–So 10–17, Juni–Aug. Di 11–19 Uhr, http://lnvm.lv).

DOM 11 ⭐ 📖 b2

Der Mariendom ist die größte Kirche des Baltikums. Das protestantische Gotteshaus misst 187 × 43 m und bietet 5000 Gläubigen Platz. Die prächtige Walcker-Orgel mit 6768 Pfeifen war zur Zeit ihrer Fertigstellung 1884 die größte der Welt. › mehr S. 16 Punkt ㉔ 1211 legte Bischof Albert den Grundstein für die Hallenkirche. Ihr heutiges Aussehen und den 90 m hohen Turm erhielt sie beim Wiederaufbau nach einem Brand im Jahr 1776. Das Innere birgt wertvolle Kunstschätze, wie das **Epitaph der Kleinen Gilde,** die barocke **Kanzel** und das geschnitzte **Chorgestühl der Schwarzhäupter** aus dem 17. Jh. (Mai–Sept. Mo–Sa 9–17, So 14–17, Okt.–April Mo–Sa 10–17, So 14–17 Uhr, Orgelkonzerte tgl. 12 Uhr, www.doms.lv).

Dem Dom schräg gegenüber erhebt sich die ehemalige Börse, in der das **Kunstmuseum Rīgaer Börse** untergebracht ist. Es zeigt westeuropäische Malerei, asiatische Kunst und eine Porzellansammlung (Di–So 10–18, Fr 10–20 Uhr, www.lnmm.lv).

NEUSTADT

BASTEJKALNS-PARK

Der breite Grünstreifen des Parks trennt Alt- und Neustadt voneinander. Das Zentrum der Anlage bildet der Bastionshügel, der aus dem Schutt der abgetragenen Verteidigungswälle besteht. Ihren Südteil dominiert das 1863 im Stil des Neoklassizismus errichtete **Opernhaus** 12 ▮ c3, eines der schönsten des Baltikums. Es ist nicht nur für hochkarätige Gastspiele bekannt, auch die Eigenproduktionen finden international Beachtung › S. 48.

Nur einige Schritte entfernt steht auf dem Platz beim Freiheitsdenkmal der **Laima-Uhrturm,** Rigas beliebtester Treffpunkt. Die Sozialdemokraten ließen ihn 1924 errichten, damit die Arbeiter rechtzeitig zur Arbeit kommen konnten.

FREIHEITSBOULEVARD

Der Bastejkalns-Park wird von Rīgas breit angelegter Hauptachse durchschnitten. Auf ihr erhebt sich unübersehbar das 42 m hohe, von Soldaten bewachte **Freiheitsdenkmal** 13 ▮ c2. Das Werk von Kārlis Zāle wurde am 18. November 1935, dem Unabhängigkeitstag, enthüllt. Bekrönt wird es von der Bronzefi-

Der eingeschneite Laima-Uhrturm am Freiheitsboulevard

gur der Freiheit, die drei goldene Sterne gen Himmel streckt: Symbole der historischen Provinzen Kurzeme, Latgale und Vidzeme. Für die Unabhängigkeitsbewegung hatte das Monument große Symbolkraft; in den 1980er-Jahren fanden hier Kundgebungen gegen das Sowjetregime statt (Wachablösung 9–18 Uhr jeweils zur vollen Stunde).

ESPLANADE-PARK

Gleich im Anschluss lädt der schattige Esplanāde-Park zu einer kurzen Ruhepause ein. Auf seinem Gelände stehen die **Kunstakademie** und das **Nationale Kunstmuseum** 14 ▮ c2 (Nacionālais mākslas muzejs), eines

Rīgas Jugendstilfassaden quellen über vor Fantasiegeschöpfen, Ranken und Blüten

der besten Kunstmuseen des Baltikums. Im Treppenhaus illustrieren Wandgemälde Lettlands Geschichte; in den Galerien sind Werke lettischer und russischer Künstler ausgestellt (Di–Do 10–18, Fr 10–20, Sa/So 10 bis 17 Uhr, www.lnmm.lv).

EHEMALIGES KGB-HAUS 15 c2

In der ehemaligen KGB-Zentrale informiert eine Ausstellung über den Geheimdienst. Spannend ist eine Führung durch den Zellentrakt im Keller des Gebäudes (Brīvības iela 61, www.okupacijasmuzejs.lv; bitte vorab über die Öffnungszeiten informieren).

JUGENDSTILVIERTEL 5

Rīgas Zentrum besteht zu einem Drittel aus Jugendstilbauten. Besonders schöne Exemplare säumen die Elizabetes iela 16 c1: Die

Häuser Nr. 33 und 10 b stammen von Michael Eisenstein (1867 bis 1921), dem schöpferischsten lettischen Jugendstilarchitekten. Er kombinierte Art-Nouveau-Motive mit solchen aus anderen Kulturepochen, v.a. aus der Antike. In der Strēlnieku iela 17 b1 spiegelt Haus Nr. 4 a den unerschöpflichen Ideenreichtum des Architekten wider. Seine größte Pracht entfaltet der Jugendstil in der Alberta iela 18 c1, in der man u.a. ein Ensemble aus fünf Eisenstein-Häusern (Nr. 2, 2 a, 4, 6, 8) bewundern kann. Riesige Frauenköpfe und Löwenhäupter blicken auf die Passanten herab; die Eingänge werden von Sphingen bewacht. Im Haus Nr. 12 lebte bis 1907 Konstantīns Pēkšēns (1859–1928), ein weiterer bedeutender Art-Nouveau-Architekt. Seine Wohnung beherbergt heute das Rīgaer Jugendstilzentrum (Di–So 10–18 Uhr, www.jugendstils.riga.lv). Im obersten Stockwerk lebten der Maler Jānis Rozentāls › S. 47 und der Schriftsteller Rūdolfs Blaumanis; auch in ihrer Wohnung zeigt ein kleines Museum das Interieur des Jugendstils (Mi–So 11–18 Uhr, www.memorialiemuzeji.lv).

AUSSERHALB DES ZENTRUMS

ETHNOGRAFISCHES FREILICHTMUSEUM 19

Wie man früher in Lettland lebte, zeigt das etwa 10 km östlich des Zentrums am Juglas-See gelegene Freilichtmuseum. Über 100 historische Gebäude aus verschiedenen Regionen wurden hier zusammengetragen, darunter Windmühlen, Holzkirchen, Bauernhäuser und ganze Fischerdörfer. Traditionelle Werkstätten wie z. B. Dorfschmiede und Töpferei erwachen im Sommer zu neuem Leben; alljährlich am ersten Juniwochenende findet ein großer Handwerksmarkt statt (tgl. 10 bis 17 Uhr, www.brivdabasmuzejs.lv, Bus 1 ab Merķeļa od. Tērbatas iela).

INFO

Rīga Informationsbüro 📱 b3
- Rātslaukums 6 | 1050 Rīga
  Tel. 6703 7900 | www.liveriga.com
  Mai–Sept. tgl. 9–19, sonst 10–18 Uhr
- Der **Rīga Pass** (24 Std. 25 €, 48 Std. 30 € und 72 Std 35 €) gewährt freie Fahrt im Nahverkehr, freien oder ermäßigten Eintritt bei Museen und Sehenswürdigkeiten. Auch eine englischsprachige Stadtrundfahrt ist inbegriffen.

VERKEHRSMITTEL

- **Flughafen:** Der Flughafen (www.riga-airport.com) liegt 14 km südwestlich von **Rīga.** Die Altstadt erreicht man per Taxi (ca. 14 €) oder mit der Buslinie 22 (2€), die sowohl das Zentrum als auch den Hauptbahnhof ansteuert.
- **Bahnverbindungen:** Stacijas laukums, tgl. 5–24 Uhr. Nach Vilnius, Moskau, Kiew und in viele Städte Lettlands. Auskunft unter Tel. 6723 2135 (tgl. 7–19 Uhr), www.pv.lv. Nahverkehrszüge nach **Jūrmala.**
- **Busbahnhof:** Prāgas 1, 8–23 Uhr. Nationale und internationale Routen, u. a. mit Eurolines nach Deutschland, Moskau, Vilnius und Tallinn (www.eurolines.lv).

AKTIVITÄTEN

- Aus einer ganz anderen Perspektive erlebt man Rīga bei der einer Bootsfahrt auf dem Stadtkanal und einem Teilstück

🔊 AUSFLÜGE AB RĪGA

Nur 25 km von der Hauptstadt entfernt lockt das Meer: Das schöne Seebad **Jūrmala** › S. 104 mit feinkörnigem Sandstrand und endlosen Kiefernwäldern ist seit jeher Spielplatz, Erholungsort und Flaniermeile für die Hauptstädter. Etwas landeinwärts liegt der nicht weniger traditionsreiche Kurort **Ķemeri** › S. 104 mit schwefelhaltigen Quellen und alten Holzvillen. Durch die eindrucksvolle Moorlandschaft im **Ķemeri-Nationalpark** › S.104 führt ein 3 km langer Holzbohlenweg.

der Daugava. Der Einstieg befindet sich beim Freiheitsdenkmal (Mitte April–Mitte Okt. tgl. 9–22 Uhr, www.rigabycanal.lv).

HOTELS

Bergs €€€ 📕 c3

Stylishes 5-Sterne-Hotel in alten Mauern. Die Liebe zur Tradition prägt jedes Detail – bis hin zur Bettwäsche aus lettischen Leinen. Mehrfach preisgekröntes Restaurant.
- Bergs Bazār | Elizabetes 83/85
  1050 Rīga | Tel. 6777 0900
  www.hotelbergs.lv

Avalon Hotel €€ 📕 b3

Modernes Mittelklassehotel am Rand der Altstadt.
- 13. janvāra iela 19 | 1050 Rīga
  Tel. 6716 9999 | www.hotelavalon.eu

Gutenbergs €€ 📕 b2

Komfortable Herberge in einer ehemaligen Druckerei; im Schatten des Domes gelegen. Dachterrasse mit herrlichem Blick auf die Altstadt, reichhaltiges Frühstücksbuffet.
- Doma laukums 1 | 1050 Rīga
  Tel. 6781 4090 | www.hotelgutenbergs.lv

Valdemārs €€ 📕 c1

Umfassend renoviertes, modern gestyltes Haus in schönem Jugendstilgebäude, zentrumsnah an der Ecke zur Elisabeth-Straße. Zimmer mit Parkettböden.
- K. Valdemāra 23 | 1010 Rīga
  Tel. 6733 4462
  www.nordicchoicehotels.com

Art Hotel Laine € 📕 c2

Kleines Hotel in aufwendig restauriertem Jugendstilgebäude; 10 Gehminuten von der Altstadt entfernt. Viele Gemälde zieren die Wände – die Zimmer wurden von Studenten der Kunstakademie gestaltet.

- Skolas 11 | 1010 Rīga
  Tel. 6728 9823 | www.laine.lv

RESTAURANTS

Vincents €€€ 📕 b1

Kreative Kochkunst.
- Elizabetes 19 | 1010 Rīga
  Tel. 6733 2830 | www.restorans.lv

Lido Atpūtas Centrs €€

Lettische Kost vom Büfett, hausgebrautes Bier. > mehr S. 14 Punkt ⑱
- Krasta 76 | 1019 Rīga
  Tel. 6750 4420 | www.lido.lv

Petergailis €€ 📕 b3

Regionale Küche mit Blick auf Petrikirche.
- Skāņu 25 | 1050 Rīga
  Tel. 6721 2888 | http://petergailis.com

Riits €€ 📕 c2

Lettische Biokost in der Neustadt.
- Dzirnavu 72 | 1050 Rīga
  Tel. 2564 4408 | http://restoransriits.lv

Ķiploku Krogs € 📕 b2

Preisgünstiges Restaurant im Zentrum der Altstadt. Spezialität: Knoblauch!
- Jēkaba 3/5 | 1050 Rīga
  Tel. 2631 9269 | www.kiplokukrogs.lv

KAFFEEHÄUSER

Double Coffee 📕 b3

Moderne Kaffeebar mit leckeren Snacks und umwerfender heißer Schokolade.
- Grēcinieku 11 | 1050 Rīga
  Tel. 6722 3163

Emils Gustavs Chocolate

Köstliche Trinkschokolade und Schokoladenkuchen. > mehr S. 17 Punkt ㉝
- Blaumaņa 38/40 | 1011 Rīga
  Tel. 2765 9383

In den Hallen des Zentralmarkts wurden früher Zeppeline gebaut

Monte Kristo Kafija
Frische Kuchen, Torten, große Teeauswahl.
- Gertrudes 27 | 1011 Rīga | Tel. 6731 0010

Parunāsim 📱 b2
Romantisches Café mit Künstlerflair.
- Mazā Pils 4 (Hinterhof) | 1050 Rīga
  Tel. 2566 3533

SHOPPING
Zentralmarkt (Centrāltirgus) 📱 c3
In den Hallen Lebensmittel, außen Kleidung, Haushaltsgeräte usw.
- Nēģu 7 | 1050 Rīga | www.rct.lv

Berga Bazars 📱 c3
Schicke Boutiquen in historischer Passage.
- Elizabetes 83/85 | 1050 Rīga
  www.bergabazars.lv

Senā Klēts 📱 b3
Wunderschöne Trachten aus sämtlichen
Regionen Lettlands.

- Rātslaukums 1 | 1050 Rīga
  www.senaklets.lv

Tīnes 📱 b2
Hochwertiges lettisches Kunsthandwerk.
- Riharda Vāgnera 5 | 1050 Rīga

Baltu Rotas 📱 b3
Nach baltischen Vorbildern aus dem Mittelalter gestaltete Schmuckstücke.
- Grēcinieku 11–2 | 1050 Rīga
  www.balturotas.lv

NIGHTLIFE
Skyline Bar 📱 c2
Cocktails mit Blick auf die Altstadt.
- Elizabetes 55 | 1010 Rīga
  Tel. 6777 2222 | www.skylinebar.lv

Folkklubs Ala Pagrabs 📱 b3
Großes Bierlokal mit Livemusik.
- Peldu 19 | 1050 Rīga
  Tel. 2779 6914 | www.folkklubs.lv

LETTLAND

Dem Angriff von Iwan dem Schreckliche
hielten die Mauern der mächtigen
Ordensburg in Cēsis nicht stand

In Lettland warten einsame Sandstrände, verträumte Fischerdörfer und das wildromantische Flusstal der Gauja auf Entdeckung. Das Kulturerbe umfasst mittelalterliche Ordensburgen und prachtvolle Barockresidenzen.

Zu den unterschiedlichen Gesichtern Lettlands gehören traditionsreiche und lebhafte Kurorte ebenso wie das unberührte Kap Kolka, wo sich Ostsee und die Bucht von Rīga treffen. Verträumte Fischerdörfer und einsame Strände säumen die 500 km lange Küste; Schutzgebiete wie Ķemeri- und Slītere-Nationalpark bieten Gelegenheit zu Wanderungen und Bootstouren in unverfälschter Natur. Naturfreunde kommen außerdem im Gauja-Nationalpark auf ihre Kosten: Keine andere Landschaft Lettlands reicht an die Schönheit dieses Urstromtals heran. Auf dem Land erlebt man eine zeitlose Idylle: Inmitten der sanften Hügel der Kurischen Schweiz liegen malerische Städtchen und alte Burgen; besonders reizvoll sind Kuldīga und Talsi mit ihrer gut erhaltenen historischen Holzarchitektur. Im Herzen Lettlands sind viele alte Schlösser und Herrensitze zu entdecken, die liebevoll restauriert wurden. Ganz in der Nähe von Rīga locken die herzoglichen Residenzen Jelgava und Rundāle, beide großartige Leistungen des Spätbarock. Bauska, Sigulda und Cēsis beeindrucken mit den imposanten Überresten mittelalterlicher Ordensburgen.

TOUREN IN LETTLAND

HÖHEPUNKTE LETTLANDS

ROUTE: Rīga › Gauja-Nationalpark › Sigulda › Cēsis › Rundāle › Jelgava › Kuldīga › Liepāja › Rīga

KARTE: Seite 100
DISTANZEN: 764 km; 8 Tage

PRAKTISCHER HINWEIS:
• Diese Tour lässt sich am besten mit dem Pkw durchführen, ist aber auch mit Überlandbussen machbar.

TOUR-START:
Zwei Übernachtungen sollte man zunächst in **Rīga** › S. 85 einplanen, um ausreichend Zeit für die Altstadt mit ihren herrlichen Bauten im Stil der Backsteingotik und die prächtigen Jugendstilensembles in der Neustadt zu haben. Anschließend

TOUREN IN LETTLAND

TOUR 10

HÖHEPUNKTE LETTLANDS

Rīga > Gauja-Nationalpark > Sigulda >
Cēsis > Rundāle > Jelgava > Kuldīga >
Liepāja > Rīga

geht es durch den **Gauja-National-park** › S. 113 über das reizvoll gelegene **Sigulda** `12` › S. 111 in die alte Hansestadt **Cēsis** `13` › S. 112, wo die eindrucksvollen Überreste einer Ordensburg besichtigt werden können. Anderntags fährt man weiter zum Schloss **Rundāle** `10` › S. 109, der wohl schönsten Barockresidenz des Baltikums. Übernachtet wird in **Jelgava** `9` › S. 109, wo ein weiteres prächtiges Barockschloss Rundāle Konkurrenz macht. Am nächsten Tag geht es durch das abgeschiedene, sanfthügelige Kurland nach **Kuldīga** `7` › S. 107, einer malerischen Stadt mit schöner Holzarchitektur, die lettische Filmemacher gern als Kulisse verwenden. Im quirligen **Liepāja** `6` › S. 106 kann man durch die Altstadt flanieren, die herrlichen Strände genießen oder die Küste ein Stück weit in Richtung Norden erkunden, bevor es zurück in die Hauptstadt geht.

TOUR 11

BURGEN UND SCHLÖSSER

ROUTE: Rīga › Jelgava › Rundāle › Bauska › Sigulda › Cēsis › Rīga

KARTE: Seite 100
DISTANZEN: 372 km; 3–4 Tage
PRAKTISCHE HINWEISE:
• Bei Überlandtouren ist man mit dem Pkw am flexibelsten.

TOUR-START:
Von Rīga aus steuert man zunächst **Jelgava** `9` › S. 109 an, das ein prachtvolles Barockschloss besitzt (Übernachtung). Jelgava ist außerdem ein guter Ausgangspunkt für die Besichtigung von **Schloss Rundāle** `10` › S. 109 am nächsten Morgen. Auch hier wartet herrschaftliche Pracht im Stil des Barock und Rokoko. Nicht auslassen sollte man einen Spaziergang durch den rekonstruierten Schlosspark. Von Rundāle ist es nicht mehr weit nach **Bauska** `11` › S. 110, wo sich auf einem Felssporn die eindrucksvolle Ruine einer Ordensburg erhebt. Ein zusätzliches Highlight kann hier die Übernachtung im historischen Herrenhaus Mežotnes Pils › S. 110 sein. Anderntags fährt man über die E 67, A 7 und A 2 weiter. Man überquert bei Kekava den Staudamm der Daugava, die hier eher einem See ähnelt und erreicht schließlich **Sigulda** `12` › S. 111. Hier buhlen gleich drei Burgruinen und zwei Schlösser um die Gunst der Besucher. Auf jeden Fall sollte man den Museumspark Turaida besuchen. Die Strecke verläuft dann über Līgatne mit seinen Naturpfaden. Die Besichtigung von **Cēsis** `13` › S. 112 mit seiner Ordensburg aus dem 13. Jh. und dem Neuen Schloss aus dem 18. Jh. bildet den Schlusspunkt der Tour. Wer hier übernachtet, kann am nächsten Tag vor der Rückfahrt nach Rīga noch eine kleine Wanderung oder Kanutour im **Gauja-Nationalpark** › S. 113 machen oder im idyllischen Landgut Ungurmuiža › S. 31 nahe Cēsis eine Tasse Tee trinken.

Jūrmalas Sandstrände sind ein beliebtes Ausflugsziel der Hauptstädter

TOUR
12

LETTLANDS WEISSE STRÄNDE

ROUTE: Rīga › Jūrmala › Roja › Kap Kolka › Ventspils › Liepāja › Rīga

KARTE: Seite 100
DISTANZEN: 483 km; 3–4 Tage
PRAKTISCHE HINWEISE:
- Von Kap Kolka Richtung Süden fährt man durch den Slītere-Nationalpark, dessen Straßen nicht befestigt bzw. asphaltiert sind.
- Im Juli und August sollte man Unterkünfte sicherheitshalber vorausbuchen.

TOUR-START:

Auf dieser Tour lernt man die lettische Küste kennen. Ob lebhaft oder verwunschen – allen Stränden ist feiner weißer Sand zu eigen. Erstes Etappenziel ist das trubelige **Jūrmala 1** › S. 104, Rīgas Hausstrand. Zunehmend menschenleerer wird es, wenn man der Küste gen Nordwesten weiter bis **Roja 3** › S. 104 folgt. Für eine Übernachtung bietet sich das windumtoste **Kap Kolka 4** › S. 105 an, wo Ostsee und Rigaer Golf häufig stürmisch aufeinanderprallen. Von dort aus in Richtung Süden wird die Küste steiler und dramatischer. Hübsche Fischerdörfer wie Kosrags säumen die holprige Straße. Zurück in die städtische Zivilisation gelangt man bei **Ventspils 5** › S. 105, mit dessen Industriehafen ein herrlicher Sandstrand versöhnt. Die Tour endet so lebhaft, wie sie begonnen hat: in **Liepāja 6** › S. 106, einer Hafenstadt mit Nachtleben und – natürlich – Strand. Über die A 9 gelangt man abschließend schnell zurück in die Hauptstadt Lettlands.

UNTERWEGS IN LETTLAND

KURLAND / WESTEN

JŪRMALA `1` ⭐ 📘 D6

Das 25 km westlich von Rīga gelegene Jūrmala war wegen des milden Klimas und des flach abfallenden Sandstrands schon im 19. Jh. als Erholungsgebiet beliebt. Holzvillen und schattige Parks mit alten Bäumen sind ein Relikt aus dieser Zeit.

Das Badeleben konzentriert sich auf die Ortsteile **Majori, Dzintari** und **Bulduri.** Durch Majori verläuft die Jomas iela, eine von Cafés und Geschäften gesäumte Fußgängerzone. Das rührige Stadtmuseum in der Tirgoņu iela 29 zeigt Skurrilitäten wie die größte lettische Sammlung von Badeanzügen (Mi–So 10 bis 17 Uhr). Auf der Freilichtbühne von Dzintari finden im Sommer Konzerte statt. Bulduri war früher bevorzugtes Ziel des deutschbaltischen Adels; schmucke Villen erinnern noch an jene Glanztage. Trotz der Nähe zu Rīga weht an den Sandstränden die Blaue Flagge für gute Wasserqualität.

INFO
Touristeninformation Jūrmala
• Lienes iela 5 | Majori | 2015 Jūrmala
  Tel. 6714 7900
  www.visitjurmala.lv

HOTEL
Pegasa Pils €€
Türmchenbekrönte Jugendstilvilla mit Spa und gutem Restaurant in Strandnähe.

• Juras 30 | Majori | 2015 Jūrmala
  Tel. 6776 1149
  www.hotelpegasapils.lv

RESTAURANT
Alus Krodziņš €
Holzhaus mit Biergarten, bodenständige lettische Küche. **> mehr S. 14 Punkt** `13`
• Jomas 64a | 2015 Jūrmala
  Tel. 6776 4456
  www.majorupromenade.lv

ĶEMERI-NATIONALPARK

Etwa 40 km von Rīga entfernt liegt im Hinterland Ķemeri `2` 📘 D6, ein traditionsreicher Kurort mit hübschen Holzvillen. Dichte Wälder und Lagunenseen, an denen Zugvögel brüten, charakterisieren den umliegenden **Ķemeri-Nationalpark.** Hier kann man an geführten Wanderungen oder Bootstouren teilnehmen. Etwa 3 km südlich von Ķemeri führt ein 3 km langer Bohlenweg ins Moor des Nationalparks.

INFO
Informationszentrum Ķemeri-Nationalpark
• Ķemeri | Meža Māja | 2012 Jūrmala
  Tel. 6714 6824
  www.daba.gov.lv/kemeri/eng

ROJA `3` 📘 C5

Das hübsche Fischerstädtchen in Nordkurland besitzt einen schönen Strand und einen lebendigen Hafen. Ein kleines Museum informiert über die Bedeutung des Fischfangs für die Region (Selgas 33, Di–Sa 10–18,

So 10–15 Uhr). Nördlich von Roja
erstreckt sich die malerische Ēvaži-
Steilküste, an der ein aussichtsrei-
cher Wanderweg entlangführt.

INFO
Touristeninformation Roja
• Selgas 14 | 3264 Roja
  Tel. 2863 0590
  www.roja.lv

HOTEL
Roja €€
Kleines Gästehaus mit Restaurant, Café
und Sauna, 200 m vom Meer entfernt.
• Jūras 6 | 3264 Roja
  Tel. 6323 2226
  www.rojahotel.lv

KAP KOLKA 4 ▮ C5

Am windreichen Kap Kolka treffen
Ostsee und Rīgaer Bucht zusammen. Den nördlichsten Punkt Kur-
lands bewachen die Überreste eines
alten Leuchtturms. Entlang der
Nordwestküste erstreckt sich der
Slītere-Nationalpark, der die ursprünglich gebliebene Küstennatur
schützt. Markierte Wanderwege erschließen seine reiche Tier- und
Pflanzenwelt. In einigen Küstendör-
fern (u. a. Sīkrags, Kosrags, Pitrags,
Saunags und Vaide) leben noch
Nachkommen der Liven, eines alten
finno-ugrischen Volkes. Über ihre
Kultur informiert ein Museum in
Mazirbe. Hier treffen sich im August auch Liven aus dem ganzen
Land zu einem großen Festival.

INFO
TIC Kap Kolka
• Kolkasrags | 3275 Kolka

Kap Kolka meerumtost

  Tel. 2914 9105
  www.kolkasrags.lv

HOTEL
Gästehaus Ūši €
Familiäre Herberge mit Zeltplatz, Radver-
leih, geführten Exkursionen.
• Kolkas pagasts | 3275 Kolka
  Tel. 2947 5692 | www.kolka.info

VENTSPILS 5 ▮ C6

Die wichtigste Hafenstadt des Landes (42 000 Einw.) liegt an der Mündung der Venta in die Ostsee und
besitzt eine hübsche Altstadt mit
klassizistischen Bürgerhäusern und
Kirchen. Sie verbirgt sich allerdings
hinter ausgedehnten Hafen- und
Industrieanlagen – Ventspils ist ein
Zentrum der Petrochemie.

Die restaurierte **Ordensburg** aus dem 13. Jh. beherbergt eines der modernsten Museen Lettlands, das sich der Geschichte der Burg, der Stadt und des Herzogtums Kurland widmet (Di–So 10–18 Uhr). Im **Freilichtmuseum für Fischerei** lassen Boote, Werkzeuge, Netzhäuser, Räuchereien und Katen den harten Arbeitsalltag lettischer Fischer nachvollziehen (Riņka 2, Mai–Okt. Di bis So 10–18 Uhr, Nov.–April nur nach Voranmeldung).

Am feinsandigen Badestrand sorgen Beachvolleyballfelder und der Aquapark für Abwechslung (Mednu iela 19, Juni–Aug. tgl. 10–21 Uhr).

INFO

Touristeninformation Ventspils
- Dārzu 6 | 3601 Ventspils
  Tel. 6362 2263 | www.visitventspils.com

HOTEL

Raibie Logi €
Freundlich und modern eingerichtetes Hotel in einem hübschen Holzhaus.
- Lielais prospekts 61 | 3601 Ventspils
  Tel. 2914 2327
  www.raibielogi.lv

RESTAURANT

Skroderkrogs €
Gemütliches Lokal im Stil eines lettischen Bauernhauses mit regionalen Gerichten.
- Skroderu 6 | 3601 Ventspils
  Tel. 6362 7634

LIEPĀJA 6 ⭐ 6 📖 B7

Der herrliche Sandstrand mit seinen kiefernbestandenen Dünen lässt leicht vergessen, dass Liepāja (Libau; 82 500 Einw.) nicht nur die drittgrößte Stadt Lettlands, sondern auch ein wichtiger Industriestandort ist. In der Sowjetzeit war Liepāja zudem Marinebasis und für Ausländer gesperrt. Die Plattenbauten der Kaserne am Hafen stehen heute leer, doch dafür beginnt die Altstadt aus ihrem Dornröschenschlaf zu erwachen: Die verkehrsberuhigte Tirgoņu iela säumen neben alten Bürgerhäusern auch immer mehr bunte Geschäfte und lebendige Cafés.

AM MEER

Mit mehr als 140 Baum- und Buscharten, hübschen Holzvillen und dem historischen Schlammbad ist

---

📕 **DAS GOLD DER OSTSEE**

80 % der weltweiten Bernsteinfunde stammen aus dem Baltikum. Bernstein ist aus dem fossilen Harz von Nadelbäumen entstanden, seine Farbe kann von weißlichgelb über honiggelb bis bräunlich variieren. Häufig weist er Einschlüsse von Insekten und Pflanzenteilen auf, sog. Inklusen. An der baltischen Ostseeküste kann man mit etwas Glück noch immer fündig werden – am besten nach einem Sturm. So wurde eine touristische »Bernsteinroute« entwickelt, die neben einschlägigen Museen auch Bernsteinwerkstätten und Fundstellen berührt. Die entsprechende Broschüre ist beim Lettischen Fremdenverkehrsamt › S. 152 erhältlich.

der 1870 angelegte **Strandpark** von Liepāja eine schattige Oase auf dem Weg zum Meer.

Am kilometerlangen Sandstrand weht die Blaue Flagge. Das Strandleben genügt sich selbst und dem ausgeprägten lettischen Sonnenhunger: Bräunen in knapper Badebekleidung, dazu ein kühles Bier vom Kiosk. Auf der **Freilichtbühne** im Strandpark finden Konzerte, Sängerfeste und im Juli das Rock- und Popfestival »Summersound« statt (genaue Termine unter www. summersound.lv).

IN DER STADT

Die **Dreifaltigkeitskirche** wurde im 18. Jh. für die deutsche Gemeinde erbaut und ist prachtvoll ausgestattet. Glanzstücke sind die Kanzel, der Beichtstuhl und die Loge des Herzogs von Kurland. Die Orgel gilt als eine der größten in Europa. Historische **Speichergebäude** säumen die Zivju iela; in der Bārinu iela (östl.) sind schöne Bürgerhäuser zu sehen. In der neogotischen **Annenkirche** beeindruckt der Barockaltar (1697) von Nicolaus Soeffrens.

INFO

Touristeninformation Liepāja
• Rožu laukums 5/6
  3401 Liepāja
  Tel. 6348 0808
  http://liepaja.travel

AKTIVITÄTEN

• Die **Touristeninformation** hält verschiedene Vorschläge für Radtouren bereit, darunter den etwa 44 km langen Bernsteinweg.

HOTELS

Fontaine €€
Schöne alte Holzvilla mit liebevoll eingerichteten Zimmern und hübschem Garten.
• Jūras 24 | 3401 Liepāja
  Tel. 6342 0956 | www.fontaine.lv

Park Hotel €€
Hübsch restaurierte Jugendstilvilla im Strandpark mit etwas plüschigen, aber behaglichen Zimmern.
• Rožu 37 | 3401 Liepāja | Tel. 6342 1155
  https://en.parkhotelliepaja.lv

RESTAURANTS

Oskars €€€
Ausgezeichnetes Restaurant im Europa City Amrita Hotel, auf der Karte stehen ausgewählte lettische, schwedische und internationale Gerichte.
• Rigas 7/9 | 3401 Liepāja
  Tel. 6348 0888 | www.groupeuropa.com

Pastnieka Māja €€
Sehr gute kurländische Spezialitäten, schöner Garten.
• Brīvzemnieka 53 | 3401 Liepāja
  Tel. 6340 7521 | www.pastniekamaja.lv

KULDĪGA 7 ⭐ ◼ C6

In sanfte Hügel eingebettet liegt Kuldīga (Goldingen; 13 000 Einw.), die ehemalige Residenz des kurländischen Herzogs. Die malerische Kleinstadt am Ufer der Venta hat ihre Holzbebauung aus dem 18. und 19. Jh. fast vollständig bewahrt – seit 2008 zählt sie zum UNESCO-Weltkulturerbe. Einige der schönsten alten Häuser säumen die Baznīcas iela. Die **Katharinenkirche** wurde nach einem Brand im 17. Jh. neu aufgebaut, von der Ori-

Die malerische Flusslandschaft der Venta lässt sich bei Kuldīga genießen

ginalausstattung blieben nur Altar und Kanzel des lettischen Meisters Nicolaus Soeffrens erhalten.

Ein beliebtes Fotomotiv ist der **Ventas rumba,** ein 240 m breiter Wasserfall, der über eine 2 m hohe Felsstufe hinabrauscht. Am schönsten präsentiert er sich von der 1874 errichteten **Ventabrücke** aus, mit 165 m eine der längsten Backsteinbrücken Europas.

INFO

Touristeninformation Kuldīga

• Baznīcas 5 | 3301 Kuldīga
Tel. 6332 2259 | www.visit.kuldiga.lv

HOTEL

2 Baloži €€

Kleines Hotel im Herzen der Altstadt mit stilvollem Restaurant. Rezeption vis-à-vis.

• Pasta iela 5 | 3301 Kuldīga
Tel. 2200 0503 | www.visit.kuldiga.lv

TALSI 8 C6

Rund um das hübsche Talsi (Talsen; 10 400 Einw.), das auf sieben Erhebungen verteilt ist, ist die Landschaft etwas hügeliger als im übrigen Kurland – für die Bevölkerung Grund genug, sie stolz Kurische Schweiz zu nennen.

Die **Ordensburg** ist in ihren Fundamenten nur zu erahnen. Der Burgberg bietet jedoch einen schönen Blick über den Ort und den See. Auf dem Kirchberg wacht die evangelische Stadtkirche aus dem 18. Jh. An der Lielā iela, der Hauptstraße, ist die historische Bebauung des 19. Jhs. noch weitgehend erhalten. Das **Stadtmuseum,** das in der Residenz des Freiherrn von Fircks untergebracht ist, dokumentiert Talsis Geschichte und informiert über die alte Kultur der Kuren (Mīlenbaha 19, Di–So 10–17 Uhr).

Touristeninformation Talsi
- Lielā 19/21 | 3201 Talsi
  Tel. 6322 4165 | http://talsitourism.lv

HOTEL
Saule €
Angenehmes kleines Hotel am Talsi-See
mit 6 Zimmern und Fahrradverleih.
- Saules 19 | 3200 Talsi
  Tel. 2917 7071 | www.saulehotel.lv

SEMGALLEN /
ZENTRAL-LETTLAND

JELGAVA 9 ▮ D6

Jelgava (Mitau; 64 000 Einw.) war
einst Hauptstadt des Herzogtums
Kurland. Als Ernst Johann Biron
1737 die Herzogswürde erhielt, ließ
er sich auf einer Insel am Zusammenfluss von Driksa und Lielupe
ein repräsentatives **Schloss** erbau-
en. Die Entwürfe gehen auf den
Petersburger Hofarchitekten Bartolomeo Francesco Rastrelli zurück.
Hinter der imposanten Barockfassade residiert inwzischen die Land-
wirtschaftliche Universität. Ein kleines Museum und die Gruft der
Herzoge von Kurland können allerdings besichtigt werden (Mai–Aug.
Mo–Fr 9–17, Sa 9–18, So 11–16,
sonst Mo–Fr 9–17 Uhr).

In der Stadt steht ein weiteres
prächtiges Barockgebäude, die **Aca-
demia Petrina.** Herzog Peter Biron,
der Sohn Ernst Johanns, hatte sie
1775 als erste höhere Bildungsan-
stalt Lettlands gegründet. Der 35 m
hohe Turm diente astronomischen
Beobachtungen.

Touristeninformation Jelgava
- Akademijas 1 | 3001 Jelgava
  Tel. 6300 5445 | www.visit.jelgava.lv

HOTEL
Jelgava €–€€
Freundliches Hotel neben dem Schloss mit
Wellnessbereich, Sauna, Café.
- Lielā 6 | 3001 Jelgava
  Tel. 6302 6193 | www.hoteljelgava.lv

RESTAURANT
La Tour de Marie €€
Im Turm der Dreifaltigkeitskirche.
- Akadēmijas 1 | 3001 Jelgava
  Tel. 6308 1392

SCHLOSS RUNDĀLE 10 ★7 ▮ D7

Ein Glanzpunkt jeder Lettland-Rei-
se ist der Besuch von Schloss Rundāle, dem »Versailles an der Ostsee«.
Es wurde 1735–1740 von Rastrelli
als Sommerresidenz für Ernst Johann Biron, den nachmaligen Herzog von Kurland, errichtet. Im
Ersten Weltkrieg erlitt das Schloss
schwere Schäden. 1972 begann man
jedoch mit Restaurierungsarbeiten,
die erst nach über 40 Jahren abge-
schlossen werden konnten.

INTERIEUR

Die Repräsentationsräume und einige Privatgemächer der herzoglichen Familie wurden originalgetreu
restauriert. › mehr S. 16 Punkt 25 Besonders sehenswert ist der **Goldene
Saal,** in dem der Herzog Audienzen
gewährte. Seinen Namen verdankt
er den prächtigen, vergoldeten Stu-
katuren. Die Wände des **Rosen-
zimmers** sind mit kostbaren Tape-

ten aus Seidenbrokat überspannt. Ein Deckengemälde huldigt der Göttin Flora. Durch den **Weißen Saal** wirbelten früher bei den Hofbällen die tanzenden Paare. Filigrane Stuckarbeiten, große Fensterfronten und verspiegelte Wände verleihen ihm strahlende Helligkeit (Mai–Okt. tgl. 10–18, sonst 10–17 Uhr, Park im Sommer Mo–Do 10–19, Fr–So 19–21 Uhr, deutschsprachige Führungen nach Anmeldung unter Tel. 6396 2274, www.rundale.net).

PARKANLAGE

Auch der riesige Schlosspark, den früher über 300 000 Linden zierten, wurde mittlerweile nach Originalplänen Bartolomeo Francesco Rastrelli, dem Architekten aus St. Petersburg, rekonstruiert. Als Vorbild für die geometrische Anlage dienten französische Schlossgärten wie der Park von Versailles.

HOTEL

Mazmežotnes muiža €€–€€€
Restauriertes Herrenhaus in Schlossnähe. Individuell eingerichtete Zimmer mit einem fantastischen Ausblick in den Park.
• Rundāles pagasts | 3921 Rundāle
  Tel. 2577 2269 | www.mazmezotne.lv

RESTAURANT

Ozollāde €–€€
Einfaches Café-Restaurant im Schloss Rundāle. Abends geschl..
• Rundāles pagasts | 3921 Rundāle
  Tel. 2910 5356

BAUSKA 11 📕 D7

Östlich von Rundāle liegt mit Bauska (11 000 Einw.) eine der ältesten Städte Semgallens. Im 15. Jh. eroberte der Deutsche Orden das Gebiet und errichtete am Zusammenfluss von Mūsa und Mēmele eine Festung – die letzte in Lettland. Die beeindruckenden Ruinen der **Burg,**

Genauso aufwendig gestaltet wie das Schloss Rundāle ist der umliegende Park

die dem Nordischen Krieg zum Opfer fiel, wurden kürzlich restauriert, ebenso der jüngste Teil der Anlage, ein schlossähnlicher Anbau aus dem 16. Jh. In seinen Räumen ist eine Ausstellung zur Geschichte der Burg untergebracht (Mai–Sept. tgl. 9–19, Okt. 9–18, Nov.–April Di–So 11–17 Uhr, http://bauskaspils.lv). In der Altstadt von Bauska sind noch hübsche Holzhäuser aus dem 18. und 19. Jh. zu sehen.

INFO

Touristeninformation Bauska
• Rātslaukums 1 | 3901 Bauska
 Tel. 6392 3797 | www.tourism.bauska.lv

HOTEL

Mikels €
Günstiger Erholungskomplex mit Restaurant und Sauna 15 km südlich von Bauska.
• Uzvara. | 3931 Bauskas novads
 Tel. 2644 3496 | www.mikelis.lv

RESTAURANT

Aveņi €
Bistro am Stadtrand, lettische Küche.
• Aveņmuiža | 3901 Bauska
 Tel. 6396 0150 | http://aveni.lv

VIDZEME / NORDOSTEN

SIGULDA 12 ▮ E6

Das Städtchen (12 000 Einw.) ist touristisches Zentrum des **Gauja-Nationalparks** › S. 113, der sich hier von seiner schönsten Seite präsentiert. Im 19. Jh. besaßen viele Adlige und reiche Kaufleute in Sigulda Sommerhäuser. Die Geschichte der Stadt reicht jedoch viel weiter zurück.

Im 13. Jh. errichteten die Kreuzritter am Gauja-Ostufer eine **Ordensburg.** Ihre Ruine wird im Sommer als Freilichtbühne genutzt. An der Stelle der Vorburgen der früheren Festung wurde im 19. Jh. das **Neue Schloss** erbaut, in dem heute der Stadtrat tagt (keine Besichtigung). Am anderen Flussufer steht die Ruine der **Burg Krimulda,** die im 13. Jh. für den Bischof von Riga errichtet wurde. Das 1854 im Stil des Klassizismus erbaute **Schloss Krimulda** dient heute als Sanatorium. Etwa 2 km flussaufwärts thront auf einer Bergkuppe die **Burg Turaida.** Sie wurde im 13. Jh. anstelle der Holzburg des Livenführers Kaupo errichtet, brannte aber 1776 nieder. Schon in den 1950er-Jahren begann man mit dem Wiederaufbau; heute ist sie mit dem sie umgebenden Museumspark die Hauptattraktion der Stadt. Der Bergfried bietet einen herrlichen Blick auf das Gauja-Tal.

GUTMANNSHÖHLE

Mit 19 m Tiefe, 12 m Breite und 10 m Höhe ist die Gutmannshöhle (Gūtmaņa ala) die größte im Baltikum. Sie wird von einer Quelle durchflossen, um die sich viele Legenden ranken: So soll ein weiser Mann mit ihrem Wasser Kranke geheilt haben (an der Gaujas iela, die über die Gauja-Brücke zur Burg Turaida hinaufführt).

INFO

Touristeninformation Sigulda
• Ausekļa 6 | 2150 Sigulda
 Tel. 6797 1335
 http://tourism.sigulda.lv

AKTIVITÄTEN

Makars

Geführte Kanutouren, Kanuvermietung

• Peldu 2 | 2150 Sigulda
  Tel. 2924 4948 | www.makars.lv

HOTEL

Santa €

Kleines Haus im Grünen mit Restaurant und Sauna; Raftingtouren und Ausflüge in den Nationalpark.

• Kalnjāņi | 2150 Sigulda
  Tel. 6770 5271 | www.hotelsanta.lv

RESTAURANTS

Fazenda €€

Lettische, internationale und vegetarische Gerichte in freundlichem Ambiente.

• Vidzemes šoseja 14 | 2150 Sigulda
  Tel. 6690 0669 | www.fazenda.lv

Kaķu Māja €

Zentral gelegenes Bistro mit guter Auswahl typisch lettischer Speisen und großer Sommerterrasse.

• Pils 8 | 2150 Sigulda
  Tel. 2915 0104 | www.cathouse.lv

CĒSIS 13 ⭐ ▮ E5

Die alte Hansestadt Cēsis (Wenden; 18 000 Einw.) mit ihrem reichen architektonischen Erbe wurde großenteils aufwendig restauriert. Mitten in der Stadt erhebt sich die imposante Ruine der **Ordensburg** (Mūra pils) aus dem 13. Jh. Sie war eine der stärksten Festungen des Deutschen Ordens in Lettland, bis Iwan der Schreckliche die Schwertbrüder 1577 in die Knie zwang. Der Nordische Krieg fügte ihr im 18. Jh. weitere schwere Schäden zu. Dennoch ist sie heute eine der beeindruckendsten Ordensburgen im Baltikum (Mai–Sept. tgl. 10–18, Okt. bis April Di–Sa 10–17, So 10–16 Uhr).

Einen schönen Blick auf die Ordensburg hat man vom **Nussberg** (Rieķstu kalns), der sich im Park des **Neuen Schlosses** (Jaunā pils) neben der Ruine erhebt. In dem Herrenhaus, das ab 1777 auf den Resten der östlichen Vorburg für den Grafen Sievers erbaut wurde, ist heute das **Museum für Geschichte und Kunst** untergebracht (Mai–Sept. Di–So 10–18, Okt.–April Di–Sa 10–17, So 10–16 Uhr). Die gotische **Johanneskirche** (Sv. Jāņa baznīca) wurde im 13. Jh. als Hauptkirche des Ordens erbaut, einige der Ordensmeister sind hier bestattet.

Denkmalgeschützte Häuser säumen die Rīgas iela, die belebte Hauptstraße der Altstadt. Noch aus dem 17. Jh. stammt das **Haus der Harmonie** (Harmonijas nams, Nr. 24), das einst Treffpunkt einer Musik- und Gesangsgesellschaft war.

INFO

Touristeninformation Cēsis

• Baznīcas laukums 19 | 4101 Cēsis
  Tel. 62831 8318 | www.tourism.cesis.lv

VERKEHRSMITTEL

• 3 Zugverbindungen täglich nach Rīga vom Bahnhof am Stacijas laukums; stündlich Busverbindungen in die Hauptstadt, Abfahrt vom Bahnhof.

AKTIVITÄTEN

Zagarkalns

Ferienkomplex mit Kanuverleih, Ausgangspunkt reizvoller Wanderwege entlang der Gauja.

- Mürlejas 12 | 4101 Cēsis
  Tel. 2626 6266 | www.zagarkalns.lv

Eži
Outdoorzentrum mit Kanuverleih, geführte Flusstouren für Gruppen.
- Liepu 9 | 4201 Valmiera
  Tel. 2868 5894 | www.ezi.lv

oder mit dem Kanu erkunden lässt ▸ S. 43. Als Ausgangsorte bieten sich Sigulda ▸ S. 111 und Cēsis ▸ S. 112 an. Entlang der Gauja gibt es 18 ausgewiesene Campingplätze.

Auf Wanderfreunde wartet eine Vielzahl markierter Naturpfade, über die das Besucherzentrum in Sigulda sowie die Touristeninformationen in Līgatne und Cēsis informieren. 4 km südwestlich von Cēsis beginnt z. B. ein Lehrpfad entlang der Gauja, auf dem sich die geologische Formierung der Flusslandschaft seit der Eiszeit ablesen lässt. Nordwestlich der Stadt erheben sich die eindrucksvollen Adlerklippen (Ērgļu klints). In der Nähe bietet ein Aussichtspunkt einen grandiosen Blick über den Nationalpark. Auch von Līgatne aus führen eine Straße und mehrere Wanderwege durch das Tal.

HOTELS
Kolonna Hotel Cēsis €€
Komfortabel und zentral gelegen. Das **Café Pagrabiņš** serviert lettische und internationale Küche, auch Pizza. Abends Livemusik.
- Vienības laukums 1 | 4101 Cēsis
  Tel. 6412 0122 | www.hotelkolonna.com

Province €–€€
Gut geführtes Familienhotel mit vier Zimmern und Café-Restaurant. Im Garten gibt es einen Spielplatz.
- Niniera 6 | 4148 Cēsis
  Tel. 2640 7008 | www.province.lv

RESTAURANT
Janoga €€
Etwas abseits des Stadtzentrums gelegen, bietet dieses Restaurant höchste Qualität zu fairen Preisen.
- Valmieras 21a | 4101 Cēsis
  Tel. 2830 9298 | www.facebook.com

SHOPPING
Pie Karlīnes
Souvenirgeschäft mit großer Auswahl im ehemaligen Hotel Baltischer Hof.
- Rīgas 21 | 4101 Cēsis | Tel. 2658 7777

GAUJA-NATIONALPARK
Cēsis liegt inmitten des Gauja-Nationalparks, dessen einzigartige Landschaft sich zu Fuß, zu Pferd

INFO
Besucherzentrum des Gauja-Nationalparks
- Līgatnes dabas takas
  (Naturpfade Līgatne)
  4110 Līgatne | Tel. 6415 3313
  www.entergauja.com

Touristeninformation Līgatne
- Spriņģu 2 | 4110 Līgatne
  Tel. 6415 3169 | www.visitligatne.lv

HOTEL
Lacu Miga €
Gästehaus im Blockhüttenstil mit 13 gemütlichen Zimmern und Restaurant. Geführte Naturexkursionen.
- Gaujas 22 | 4110 Līgatne
  Mobil-Tel. 2913 3713 | www.lacumiga.lv

TALLINN

Bei höheren Wasser- als Luft-
temperaturen dampft die Ostsee
in der Winterkälte über Tallinn

In Tallinns historischer Altstadt geben seit Jahrhunderten Handel und Handwerk den Ton an. Aristokratisch präsentiert sich hingegen die Oberstadt auf dem Domberg mit Dom, Newski-Kathedrale und Schloss, heute Sitz des estnischen Parlaments.

Tallinn ist eine der ältesten Städte Nordeuropas – und zugleich eine der vitalsten und spannendsten. Die mittelalterlichen Wehrtürme, die gotischen Fassaden um den Rathausplatz und die zierlichen Kirchtürme der Unterstadt bilden die wunderschöne Kulisse für eine Stadt, die sich nach der Wende 1991 enthusiastisch auf die Zukunft gestürzt und Versäumtes im Eiltempo nachzuholen versucht hat. Die Zeugnisse der Vergangenheit wurden liebevoll restauriert, aber die Einwohner der estnischen Hauptstadt leben ganz im Hier und Jetzt.

So sind die gemütlichen Cafés, originellen Bars, erstklassigen Restaurants und schönen Geschäfte immer gut besucht.

Außerdem locken jenseits der Altstadtmauern im Vorort Kadriorg mit dem Schloss Katharinental und dem Kunstmuseum KUMU zwei hochkarätige Sehenswürdigkeiten. Pirita trumpft mit einem feinsandigen Strand und den romantischen Ruinen des Birgittenklosters auf. Westlich von Tallinn gibt das Freilichtmuseum Rocca al Mare einen Einblick in das bäuerliche Leben der Esten vom 18. bis 20. Jh.

TOUREN IN TALLINN

TOUR 13

DIE ALTSTADT

ROUTE: Rathausplatz > Nikolaikirche > Domberg > Heiliggeistkirche > Gildehäuser > Olaikirche > Dicke Margarete > Stadtmauer > Schloss Katharinental

KARTE: Seite 117

DAUER: etwa 4 Std
PRAKTISCHE HINWEISE:
- Die Sehenswürdigkeiten in der Altstadt erläuft man bequem zu Fuß. Nach Kadriorg verkehren die Straßenbahnlinien 1 und 3 sowie die Buslinien 31, 67 und 68.
- Eine Alternative sind die Sightseeing-Busse, die verschiedene Routen abfahren. Man kann die Touren nach Belieben unterbrechen (Tallinn City Tour, Tel. 5301 5623, www.citytour.ee, Tagesticket 25 €).

TOUR-START:

Der Rundgang beginnt auf dem belebten **Rathausplatz** › S. 119. Von der Aussichtsplattform des Turms bekommt man einen guten Überblick über das Stadtzentrum. Nach einem Kaffee zum Auftakt schlendert man durch die Straßen Kullassepa und Niguliste zur mittelalterlichen **Nikolaikirche** **3** › S. 119, die heute ein sehenswertes Museum für sakrale Kunst beherbergt. Über das steile Lühike jalg erklimmt man anschließend den **Domberg** mit dem stattlichen **Schloss** **12** › S. 120, der reich geschmückten **Newski-Kathedrale** **11** › S. 120 und der **Domkirche** **13** › S. 120, eine der ältesten Kirchen Estlands. Die Aussichtsterrassen bieten schöne Blicke auf Unterstadt, Hafen und Meer. Für eine Pause bei einer Tasse Schokolade eignet sich das gemütliche, in die Stadtmauer integrierte **Café Bogapott** › S. 124. Über das Pikk jalg geht es nun entlang der alten Stadtmauer zur Pikk, Tallinns längster Straße. An ihr sind einige der wichtigsten Sehenswürdigkeiten aufgereiht: die **Heiliggeistkirche** **5** › S. 119, die **Gildehäuser** und die **Olaikirche** **7** › S. 120. Den Schlusspunkt bildet die **Dicke Margarete** **9** › S. 120, ein massiger Geschützturm, in dem heute das Museum für Seefahrt untergebracht ist. Nun kann man sich per Bus, per Taxi oder zu Fuß in den schönen Stadtteil Katharinental (Kadriorg) aufmachen. Besuche im prächtigen Barockschloss **Katharinental** **16** › S. 122 sowie im **Estnischen Kunstmuseum** (KUMU) **15** › S. 121 runden die Tour ab.

TALLINN PER RAD

ROUTE: Altstadt › Schloss Katharinental › Präsidentensitz › Sängerfestplatz › Pirita

KARTE: Seite 122
DISTANZEN: 15 km; bei geruhsamer Fahrweise 2,5 Std.
PRAKTISCHER HINWEIS:
• Radverleih und geführte Radtouren organisiert City Bike Tours, Vene 33, Tel. 511 1819, www.citybike.ee, Start tgl. 11 Uhr, 19 €.

TOUR-START:

In der Altstadt ist man ohne Fahrrad beweglicher. Für die außerhalb gelegenen Sehenswürdigkeiten ist das Rad jedoch ein ideales Fortbewegungsmittel. Man verlässt die Altstadt über die Uus und Kanuti tänav, um anschließend rechts in die Mere puiestee abzubiegen. Nun geht es am Hafen entlang (Tuukri tänav), bevor man die Hauptstraße Narva mantee quert und über die A. Weizenbergi tänav nach Kadriorg gelangt. **Schloss Katharinental** **16** › S. 122 und der **Präsidentensitz** liegen in einer weitläufigen Parklandschaft, die von kleineren Straßen und Wegen durchzogen ist. Der Besuch des **Estnischen Kunstmuseums** (KUMU) **15** › S. 121 ist auf jeden Fall ein Erlebnis, aber auch die Ausstellung im Peterhaus, dem Som-

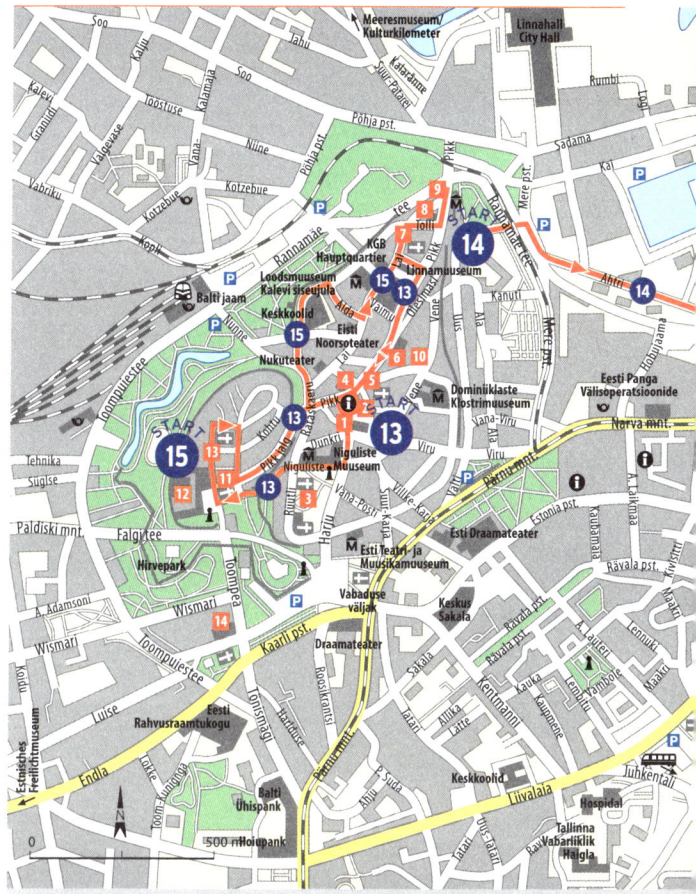

TOUREN IN TALLINN

TOUR 13

TALLINNS ALTSTADT

TOUR 14 Karte > S. 122

TALLINN PER RAD

TOUR 15

VIEW WITH A BREW –
KNEIPENTOUR

1 Rathaus
2 Ratsapotheke
3 Nikolaikirche
4 Historisches Museum
5 Heiliggeistkirche
6 Schwarzhäupterhaus
7 Olaikirche
8 Drei Schwestern
9 Dicke Margarete
10 Stadtmuseum
11 Alexander-Newski-
   Kathedrale

12 Schloss Toompea
13 Domkirche
14 Okkupationsmuseum

15 - 17 > Karte S. 122

merhaus Peter des Großen. Am Meer entlang fährt man nun auf der Uferpromenade Richtung **Pirita** 17 › S. 123. Etwa auf halbem Weg lohnt die **Sängerbühne** einen Zwischenstopp. Von hier nahm die »Singende Revolution« ihren Ausgang. Alle fünf Jahre ist sie Veranstaltungsort des nationalen Sängerfestes. In Pirita selbst sind die majestätischen Ruinen des **Birgittenklosters** sehenswert, die sich in einem Park am Ufer des Flusses Pirita erheben. Der 2 km lange Sandstrand hinter dem Jachthafen, an dem einige Restaurants zur Stärkung einladen, eignet sich hervorragend, um sich vor der Rückfahrt ein wenig auszuruhen.

In der Altstadt von Tallinn

TOUR 15

VIEW WITH A BREW – KNEIPENTOUR

ROUTE: Domberg › Stadtmauer › KGB-Hauptquartier › Rathausplatz › diverse Bars

KARTE: Seite 117
DAUER: etwa 4 Std.
PRAKTISCHER HINWEIS:
• Die Kneipentouren sind buchbar bei Est Adventures, Tel. 5802 7584, www.estadventures.ee, Preis je nach Teilnehmerzahl zwischen 40 und 82,50 € (bei nur 2 Pers.)

TOUR-START:

Zwar kann man die Erkundung von Tallinns Altstadt auch auf eigene Faust mit dem Besuch diverser Bars verbinden. Dieser Rundgang lebt aber vom Anekdotenschatz der einheimischen Guides (auf Englisch). Unterwegs hat man Gelegenheit, bei Drinks oder Snacks Fragen zum Leben in Tallinn zu stellen. Der Verlauf der Tour richtet sich nach den Interessen der jeweiligen Teilnehmer. Ziemlich sicher bekommt man dabei allerdings den Domberg mit Newski-Kathedrale und Schloss, Teile der Stadtmauer, das ehemalige KGB-Hauptquartier, das Szeneviertel Kalamaja mit seinen alten Holzhäusern sowie natürlich den Rathausplatz mit dem spätgotischen Rathaus zu Gesicht.

UNTERWEGS IN TALLINN

UNTERSTADT

RATHAUSPLATZ 8

Der Rathausplatz (Raekoja plats) ist das pulsierende Zentrum der Altstadt mit Cafés, Restaurants und Markt (jeden Sa). Beherrscht wird er vom spätgotischen **Rathaus** 1 ◼ b2 (Raekoda), das Drachenköpfe als Wasserspeier besitzt. Von der Aussichtsplattform des Turms bietet sich ein schöner Rundblick (Juli/Aug. Mo–Sa 10–16 Uhr). Die Turmspitze ziert seit 1530 der Alte Thomas (Vana Toomas), die Wetterfahne in Form eines Landsknechts.

Rund um den Rathausplatz befinden sich einige der schönsten gotischen Fassaden der Stadt, darunter die **Ratsapotheke** 2 ◼ b2 aus dem 15. Jh., eine der ältesten Apotheken Europas (Mo–Sa 10–18 Uhr).

NIKOLAIKIRCHE 3 ◼ b2

Die Nikolaikirche (Niguliste kirik) wurde im 13. Jh. von deutschen Kaufleuten und Handwerkern erbaut. Heute dient sie als Konzertsaal und als Zweigstelle des Estnischen Kunstmuseums, in der sakrale Kunst des Mittelalters gezeigt wird. Glanzstücke sind der **Hauptaltar** vom Lübecker Meister Hermen Rode (1481) und ein Fragment des »**Totentanzes**« von Bernt Notke (15. Jh.) (Niguliste tänav 3, Mai–Sept. Di–So 10–17 Uhr, Okt.–April Mi–So, Orgelkonzerte am Wochenende jeweils um 16 Uhr, www.nigulistemuuseum.ekm.ee).

ENTLANG DER PIKK

Die Pikk ist die Hauptschlagader der Unterstadt. Auf ihr wurden einst die Handelsgüter vom Stadtzentrum zum Hafen transportiert, weswegen sie von Kaufmannshäusern und Kontoren gesäumt ist. Im Haus der Großen Gilde ist das **Historische Museum** 4 ◼ b2 (Ajaloomuuseum) untergebracht. Schon die Fassade des 1407–1410 errichteten Gebäudes ist sehenswert; im Inneren dokumentieren Münzen, Gemälde und archäologische Fundstücke Estlands Geschichte (Pikk 17, Mai–Sept. tgl. 10–18, sonst Di–So, www.ajaloomuuseum.ee). In der **Heiliggeistkirche** 5 ◼ b2 (Pühavaimu Kirik) aus dem 13. Jh. wurden nach der Reformation die ersten Gottesdienste in estnischer Spache abgehalten. Ihr schöner Barockturm macht sie zu einer der meistfotografierten Kirchen der Stadt. Im Inneren lassen sich einzigartige Kunstschätze entdecken: Herausragend sind die Kanzel (1597), das barocke Chorgestühl und der 1483 vom Lübecker Meister Bernt Notke erschaffene Flügelaltar (Mai–Sept. Mo–Sa 9–18, sonst kürzer).

Das **Schwarzhäupterhaus** 6 ◼ b2 erhielt seine reich verzierte Renaissancefassade 1597. Unter dem Patronat des schwarzen Schutzheiligen Mauritius fanden sich hier unverheiratete Kaufleute zusammen. Das Gebäude ist nur im Rahmen von Kulturveranstaltungen zu besichtigen.

Der 124 m hohe Turm der **Olai-kirche 7** 📕 b1 (Oleviste Kirik) ist Tallinns Wahrzeichen. Mit 159 m war er im 16./17. Jh. der höchste Europas. Die Kirche stammt aus dem 13. Jh., erhielt ihr heutiges Aussehen aber nach einem Brand im Jahre 1820 (Lai 50, Juli/Aug. tgl. 10–20, sonst 10–18 Uhr, www.oleviste.ee).

Die **Drei Schwestern 8** 📕 b1, ein Baukomplex des 15. Jhs. an der Ecke Tolli tänav/Pikk beherbergt ein Luxushotel.

An der Strandpforte wacht die **Dicke Margarete 9** 📕 b1 (Paks Margareeta), ein Geschützturm aus dem 16. Jh., in dem das Estnische Museum für Seefahrt untergebracht ist (Pikk 70, bis Nov. 2019 wegen Restaurierung geschl., www.mere muuseum.ee).

STADTMUSEUM 10 📕 b2

In einem Kaufmannshaus aus dem 14. Jh. dokumentiert das Stadtmuseum (Linnamuuseum) anschaulich die Geschichte Tallinns. Schwerpunkte bilden das Mittelalter und das 20. Jh. mit Zweitem Weltkrieg und Sowjetzeit (Vene 17, März bis Okt. Di–So 10.30–18, sonst 10 bis 17.30 Uhr, www.linnamuuseum.ee).

OBERSTADT

ALEXANDER-NEWSKI-KATHEDRALE 11 📕 a2

Die Zwiebeltürme der Alexander-Newski-Kathedrale dominieren Tallinns Silhouette. 1894–1900 als russisches Machtsymbol erbaut, ist sie im Inneren reich mit Mosaiken und Ikonen geschmückt. Die Glocke gilt als größte Estlands und wiegt über 15 t (tgl. 8–18 Uhr).

SCHLOSS TOOMPEA 12 📕 a2

Gegenüber der Newski-Kathedrale liegt Schloss Toompea (Toompea loss), heute Sitz des estnischen Parlaments. Dem repräsentativen Bau wurde im 18. Jh. ein Großteil der alten Burg geopfert. Von ihr zeugen noch der **Lange Hermann** (Pikk Hermann), der 48 m hohe Turm, sowie weitere Türme, Nord- und Westmauer.

DOMKIRCHE 13 ⭐ 📕 a2

Mittelpunkt des Dombergs (Toompea) ist die Domkirche (Toomkirik), eine der ältesten Kirchen des Landes. Ihr Erscheinungsbild ist spätgotisch, doch schon im 13. Jh. wurde hier für die deutsche Ritterschaft die Messe gelesen. Das Innere birgt wertvolle Kunstschätze, unter denen die **Grabmäler** mit lebensgroßen Figuren der Verstorbenen und die **Wappenschilde** des deutschbaltischen Adels herausragen (Juni bis Aug. tgl. 9–18 Uhr, sonst kürzer, www.toomkirik.ee, Sa um 12 Uhr Orgelkonzerte).

Den schönsten Blick auf Tallinn genießt man von der nahen Aussichtsterrasse an der Kohtu – auf die roten Dächer der Unterstadt, die Kirchtürme, den Hafen und die Ostsee. › mehr S. 15 Punkt 21

OKKUPATIONSMUSEUM 14 📕 a3

Das Museum unterhalb des Dombergs dokumentiert mit einer modern präsentierten Sammlung die

Blick vom Domberg auf die Olaikirche und die Türme der Stadtbefestigung

deutsche und die beiden sowjetischen Besatzungszeiten (Toompea 8, Mai–Sept. tgl. 10–18, sonst Di–So 11–18 Uhr, www.vabamu.ee).

WESTLICH DES ZENTRUMS

MEERESMUSEUM

Tallinns Meeresmuseum ist in einem alten Hangar des Wasserflughafens untergebracht. Die multimediale Ausstellung dokumentiert die estnische Militär- und Seefahrtsgeschichte. › mehr S. 13 Punkt ❿ (Vesilennuki 6, Mai–Sept. tgl. 10–19, Okt.–April Di–So 10 bis 18 Uhr, www.meremuuseum.ee/lennusadam). Zu einem Hotspot hat sich der **Kulturkilometer** entwickelt. Er beginnt am Meeresmuseum und führt in Richtung Passagierhafen. Zahlreiche Geschäfte und Lokale haben sich hier niedergelassen.

ESTNISCHES FREILICHTMUSEUM

Im Estnischen Freilichtmuseum in Rocca al Mare 8 km westlich der Altstadt wurden über 70 ländliche Gebäude aus allen Regionen Estlands aufgebaut. Es gibt Windmühlen, eine Holzkirche und eine alte Dorfschenke, in der man sich mit traditionellen estnischen Gerichten stärken kann. Am Wochenende treten Folkloregruppen auf (Freigelände tgl. 10–20 Uhr, Gebäude Ende April–Ende Sept. tgl. 10–18, sonst 10–17 Uhr, www.evm.ee, Buslinien 21, 21B ab Hauptbahnhof).

ÖSTLICH DES ZENTRUMS

ESTNISCHES KUNSTMUSEUM (KUMU) 15

Ein eigenwilliger, futuristisch anmutender Bau des finnischen Architekten Pekka Vapaavuori beherbergt Estlands nationales Kunstmuseum.

Auf drei Ebenen ist estnische Kunst vom frühen 18. Jh. bis heute zu sehen. › mehr S. 16 Punkt **27** (Weizenbergi 34, Di–Mi 10–18, Do 10–20, Fr–So 10–18 Uhr, kumu.ekm.ee).

SCHLOSS KATHARINENTAL **16** ⭐

Das Schloss (Kadriorg) gilt als schönstes Beispiel estnischer Barockarchitektur. Peter der Große ließ es 1718–36 als Sommerresidenz

für seine Gattin Katharina errichten. Die Entwürfe gehen auf den italienischen Architekten Niccoló Michetti zurück. Heute beherbergt der von einem wunderschönen Park umgebene herrschaftliche Bau ein Kunstmuseum mit Sammlungen westeuropäischer und russischer Kunst (Weizenbergi 37, Jan.–April Mi 10–20, Do–So 10–17, Mai–Dez. Di 10–18, Mi 10–20, Do–So 10–18 Uhr, kadriorumuuseum.ekm.ee).

Im **Peterhaus,** dem Sommerhaus des Zaren, kann eine Ausstellung über sein Leben besichtigt werden (Mai–Aug. Di–So 10–18, Sept.–April Mi–So 10–16 Uhr).

PIRITA 17

In Pirita wurden bei den Olympischen Spielen 1980 die Segelwettbewerbe ausgetragen. Heute sind der 2 km lange **Sandstrand** und der Jachthafen beliebte Naherholungsziele. Die malerischen Ruinen des **Birgittenklosters** dienen im Sommer als Kulisse für Theateraufführungen und Konzerte (www.pirita klooster.ee, Buslinien 1A, 8, 34A, 38 ab Viru keskus).

INFO

Informationszentrum Tallinn 📘 b2
• Niguliste 2 | 10146 Tallinn
  Tel. 645 7777 | www.visittallinn.ee
  Juni–Aug. Mo–Sa 9–19, So 9–18 Uhr,
  sonst kürzer
• Die **Tallinn Card** gewährt freien Eintritt
  zu 40 Top-Attraktionen und berechtigt
  zu freier Fahrt im Nahverkehr, die **Tallinn
  Card Plus** beinhaltet zusätzlich eine
  Stadtrundfahrt im Hop-on-Hop-Off-Bus
  (25 € bzw. 36 € für 24 Std., 37 € bzw. 49 €
  für 48 Std., 45 € bzw. 48 € für 72 Std.).

VERKEHRSMITTEL

• **Flughafen:** Der Flughafen (www.tallinn-
  airport.ee) liegt etwa 5 km südöstlich
  der Altstadt; Busverbindung alle 20 Min.
  (7–24 Uhr; 2 €). Taxi ins Zentrum ca. 10 €.
• **Busbahnhof:** Tallinna Bussiterminal (Las-
  tekodu 46, Info Tel. 12550, www.tpilet.ee).
  Verbindungen nach Deutschland, Polen
  und Russland, nach Rīga und Vilnius sowie in jedes größere Dorf Estlands.

• **Bahnverbindungen:** Vom Hauptbahnhof
  (Toompuiestee 37, http://elron.ee) Ver-
  bindungen nach Viljandi, Tartu, Narva,
  Pärnu, St. Petersburg, Moskau.
• **Schiffsverbindungen:** Fähren nach Hel-
  sinki, Stockholm, Rostock (via Helsinki).

HOTELS

Merchant's House €€€ 📘 b2
Komfortables und modernes Haus in mit-
telalterlichem Gebäude. An der Bar kann
man seinen Wodka in einer Eisschicht ver-
senken.
• Dunkri 4/6 | 10123 Tallinn
  Tel. 697 7500
  www.merchantshousehotel.com

Schlössle €€€ 📘 b2
In diesem geschmackvoll restaurierten
Haus im Herz der Altstadt nächtigen auch
Estlands Staatsgäste.
• Pühavaimu 13/15 | 10123 Tallinn
  Tel. 699 7700 | www.schlossle-hotels.com

Telegraaf €€€ 📘 b2
Schickes Hotel in der Altstadt mit Spa und
französisch-russischem Restaurant im früheren Telegrafenamt aus dem 19. Jh.
• Vene 9 | 10123 Tallinn
  Tel. 600 0600 | www.telegraafhotel.com

┌─ 💬 **AUSFLUG AB TALLINN** ─┐

In eine ganz andere Welt ent-
führt ein Tagesausflug in den
Lahemaa-Nationalpark › **S. 138.**
Nur 80 km von Tallinn entfernt
warten eine zerklüftete Küsten-
landschaft mit idyllischen kleinen Fischerdörfern und alte
deutschbaltische Gutshöfe inmitten einsamer Wälder.

The Three Sisters €€€ 📖 b1
5-Sterne-Hotel in einem liebevoll restaurierten Gebäude des 15. Jhs. mit jedem erdenklichen Luxus.
• Pikk 71/Tolli 2 | 10133 Tallinn
  Tel. 630 6300
  www.threesistershotel.com

Meriton Old Town Hotel €€ 📖 b1
Modernes Hotel in einem Gebäude des 19. Jhs., schöne Lage am Nordrand der Altstadt. In die Lobby ist ein Teilstück der Stadtmauer integriert.
• Lai 49 | 10133 Tallinn
  Tel. 664 8800
  www.meritonhotels.com

**Von Stackelberg
Hotel Tallinn** €€ 📖 a3
Gestylte, modern-kühle Unterkunft am westlichen Rand der Altstadt. Die Zimmer nennen sich »Zen Rooms«.
• Toompuiestee 23 | 10137 Tallinn
  Tel. 660 0700 | www.uniquestay.com

RESTAURANTS

Balthasar €€ 📖 b2
Hier werden alle Gerichte mit Knoblauch zubereitet – sogar die Desserts (z. B. Eis mit mariniertem Knoblauch). Beim Essen genießt man einen schönen Blick auf den Rathausplatz.
• Raekoja plats 11 | 10146 Tallinn
  Tel. 627 6400 | www.balthasar.ee

Kuldse Notsu Kõrts €€ 📖 b2
Deftige estnische Gerichte mit Schweinebraten, Blutwurst und Sauerkraut, gemütliches Ambiente mit viel Holz. › **mehr S. 14 Punkt** ⓯
• Dunkri 8 | 10123 Tallinn
  Tel. 628 6567
  www.hotelstpetersbourg.com

Olde Hansa €€ 📖 b2
Mittelalterliche Speisen, Gewürzbier, Pfeifenklänge und kostümiertes Personal beschwören Tallinns Vergangenheit herauf.
› **mehr S. 15 Punkt** ⓳
• Vene 1 | 10140 Tallinn
  Tel. 627 9020 | www.oldehansa.ee

Rataskaevu 16 €€ 📖 b2
Regionale Küche zu moderaten Preisen in einem der beliebtesten Restaurants Tallinns, hervorragender Service. Reservierung dringend empfohlen!.
• Rataskaevu 16 | 10123 Tallinn
  Tel. 642 4025 | http://rataskaevu16.ee

CAFÉ

Café Bogapott 📖 b2
Das gemütliche Café scheint mit der Stadtmauer des Dombergs verwachsen zu sein. Serviert werden Sandwiches und Kuchen. Im Nebenraum kann man Töpfern bei der Arbeit zusehen – und die schönsten Stücke gleich erwerben.
• Pikk jalg 9 | 10130 Tallinn
  Tel. 631 3181 | www.bogapott.ee

SHOPPING

Unweit vom Rathaus beginnt die **Viru tänav,** Tallinns Einkaufsmeile. Alle internationalen Ketten sind hier vertreten.

Eesti Käsitöö Maja 📖 b2
Estnisches Kunsthandwerk von Keramik über Textilien bis zu Holzarbeiten und Lederwaren.
• Pikk 22 | 10133 Tallinn | http://folkart.ee

Estonian Designhouse 📖 b1
In dem beliebten Shoppingcenter Solaris präsentieren aufstrebende und bereits etablierte estnische Designer ihre Kreationen in einem Showroom.

• Estonia pst. 9 | 10143 Tallinn
www.estoniandesignhouse.ee

Katariina Guild █ b2
Zusammenschluss estnischer Kunsthandwerkerinnen, die in der Katharinenpassage ansässig sind und ihre hochwertige Ware hier verkaufen.
• Vene 12 | 10140 Tallinn
www.katariinagild.eu

Nu Nordik b3
Möbel, Kleider und Accessoires in nordisch-unaufgeregtem, reduziertem Stil.
• Vabaduse Väljak 8 | 10146 Tallinn
www.facebook.com

OMA ASI █ b2
Im kleinsten Gebäude der Tallinner Altstadt kann man die Kreationen von mehr als 60 estnischen Designern erwerben.
• Saiakang 4 | 10146 Tallinn
www.omaasi.com

NIGHTLIFE

Nimeta Baar █ b2
Die »Bar ohne Namen« ist im Tallinner Nachtleben eine feste Größe. Hier treffen sich Touristen, in Tallinn lebende Ausländer und Einheimische.
• Suur-Karja 4 | 10140 Tallinn
www.nimetabaar.ee

Café Amigo █ c2
Populärer Livemusikklub. Ab 22 Uhr spielen Rock- und Bluesbands.
• Viru väljak 4 (im Hotel Viru)
10143 Tallinn | www.amigo.ee

Hell Hunt █ b2
Gemütlicher Pub mit einer hervorragenden Auswahl an Biersorten.
• Pikk 39 | 10133 Tallinn | www.hellhunt.ee

MÄRKTE MIT LOKALKOLORIT

• **Kalvarijų-Markt, Vilnius:** Großer Markt unter freiem Himmel, auf dem nicht nur frisches Gemüse und Fleisch, sondern auch Bücher, Elektroartikel und Möbel angeboten werden (Kalvarijų 61, Mo–Do 8–17, Fr 8–16 Uhr, www.kalvariju-turgus.lt).

• **Markthallen, Vilnius** █ a3: In der renovierten Markthalle aus dem 19. Jh. gibt es vor allem lokale Spezialitäten, im modernistischen Glasbau gleich nebenan überwiegend Billigmode (Pylimo 58, Di–Sa 7–18, So 7–15 Uhr, www.halesturgaviete.lt).

• **Zentralmarkt, Rīga:** Reges Markttreiben in fünf riesigen Hallen und auf der großen Freifläche davor > S. 97.

• **Kunst- und Biomarkt, Rīga:** Lettisches Kunsthandwerk und Bioprodukte findet man samstags im Kalnciema-Quartier (Kalnciema 35, Sa 10–16 Uhr, www.kalnciema iela.lv).

• **Wollmarkt, Tallin** █ b3: Handgestricktes in leuchtenden Farben und skandinavischen Mustern – und das immer noch recht preiswert (Müürivahe, tgl. 9–17 Uhr).

• **Hafenmarkt, Tallinn** █ c1: Der Markt in Nähe der Passagierterminals A und B lockt mit einer guten Mischung aus saisonalen Lebensmitteln, Blumen und Bekleidung (Sadama 25/4, tgl. 9–19 Uhr, www.sadamaturg.ee).

ESTLAND

Der Leuchtturm von Tahkuna an der
Nordspitze Hiiumaas ist der höchste
an der estnischen Küste

Estland ist ein Naturparadies mit urwüchsigen Landschaften, in denen verstreut alte deutschbaltische Gutshöfe liegen. Highlights sind die einsamen Inseln vor der Westküste, darunter Saaremaa und Hiiumaa, sowie der Lahemaa-Nationalpark.

So geschäftig und modern es in Tallinn zugeht, so ländlich-gemütlich ist es im übrigen Estland. Kilometerlange unverbaute Strände säumen die Westküste, wo man sich in traditionsreichen Badeorten wie Haapsalu und Pärnu nach allen Regeln der Kunst verwöhnen lassen kann. Vor der Küste liegen einsame Inseln mit unberührter Natur und verträumten kleinen Fischerdörfern; die beiden größten, Hiiumaa und Saaremaa, zählen zu den schönsten Reisezielen des Landes.

Touristisch sehr viel besser erschlossen ist der Lahemaa-Nationalpark im Norden Estlands; zerklüftete Buchten, einsame Wälder und versteckt liegende Herrensitze machen den Reiz dieser Gegend aus. Jenseits der Nationalparkgrenzen beginnt mit dem Glint ein spektakulärer Küstenabschnitt, den steil abfallende Kalkfelsen und daran herunterrieselnde Wasserfälle prägen.

Das Zentrum Südestlands ist die Universitätsstadt Tartu mit historischer Altstadt und studentisch geprägter Kultur- und Kneipenszene. Etwas weiter südlich kann man vom höchsten Berg des Baltikums in eine wald- und seenreiche Hügellandschaft schauen, die als eine der reizvollsten in Estland gilt.

TOUREN IN ESTLAND

HÖHEPUNKTE ESTLANDS

ROUTE: Tallinn > Haapsalu > Saaremaa > Pärnu > Tartu > Lahemaa-Nationalpark

KARTE: Seite 128
DISTANZEN: 758 km; 7 Tage

PRAKTISCHE HINWEISE:
• Obwohl die Tour mit Linienbussen durchführbar ist, ist man mit dem (Miet-)Wagen am flexibelsten.
• Die Fähre von Virtsu nach Muhu verkehrt im Sommer stündlich (Fahrtzeit 30 Min., Pkw 8,40 €, Erw. 3 €, www.praamid.ee).

TOUR-START:
Zwei Tage sollte man einplanen, um in **Tallinn** > S. 114 die mittelalterliche Altstadt und den Stadtteil Kadriorg

TOUREN IN ESTLAND

Wehrhaft zeigt sich die Bischofsburg in Kuressaare

zu erkunden. Anschließend führt der Weg an der Küste entlang zum nostalgischen Bade- und Kurort Haapsalu **1** › S. 132, wo man in frischer Seeluft ausgiebig Gesundheit tanken kann. Anderntags setzt man mit der Fähre von Virtsu nach Muhu (Kuivastu) über. Muhu › S. 136 und Saaremaa › S. 134 verbindet eine Brücke. Die Bischofsburg in Kuressaare **5** › S. 134, hölzerne Windmühlen und eine weitgehend unberührte Natur machen die ländliche Insel zum lohnenden Ziel. Zurück auf dem Festland wird Pärnu **9** › S. 136 angesteuert. In Estlands Sommerhauptstadt erwarten den Besucher eine hübsche Altstadt und ein traumhafter Sandstrand mit lebhaftem Badebetrieb. Durch den grünen Süden Estlands geht die Fahrt anschließend über Törva nach Tartu **16** › S. 142. Die Universitätsstadt ist das geistige Zentrum des Landes und besitzt außer einer reizvollen Altstadt viele gute Restaurants und Cafés. Noch einmal mitten in die Natur führt die letzte Touretappe. Auf dem Weg nordwärts erreicht man bei Mustvee das Ufer des Peipus-Sees › S. 144, Europas fünftgrößter Binnensee. Hier lohnt sich ein Zwischenstopp – am Nordufer gibt es schöne Sandstrände, an denen man meist mit sich und der Natur allein ist. Der Lahemaa-Nationalpark › S. 138 vereint schließlich mit zerklüfteter Küste, malerischen Gutshöfen und viel Wald alle Vorzüge Estlands.

INSELZAUBER

ROUTE: Haapsalu › Hiiumaa › Saaremaa › Muhu

KARTE: Seite 128
DISTANZEN: 134 km; 5 Tage
PRAKTISCHER HINWEIS:
- Fähren verbinden die Inseln mit dem Festland und die Inseln untereinander. Fahrpläne und Tarife unter www.praamid.ee und www.veeteed.com.

TOUR-START:

Reif für die Inseln? Dann sollte man sich fünf Tage für etwas gönnen, was manche für die schönste Seite Estlands halten: die Inselwelt. Los geht es in **Haapsalu** **1** › S. 132 auf dem Festland. Mit der Fähre setzt man von Rohuküla nach Heltermaa auf die Insel **Hiiumaa** › S. 133 über. Ihre noch fast unberührte Natur lässt sich per Rad, mit dem Pferd oder zu Fuß erkunden. Von Sõru im Süden Hiiumaas nimmt man die Fähre zum Hafen Triigi bei Leisi auf **Saaremaa** › S. 134. Dort steuert man zunächst die Inselhauptstadt **Kuressaare** **5** › S. 134 an, die ein guter Ausgangspunkt für Erkundungen ist. Unbedingt gesehen haben sollte man den Kaali-Krater, der durch einen Meteoriteneinschlag vor etwa 4000 Jahren entstand, und die Windmühlen in Angla – eines

der schönsten Fotomotive Saaremaas. Die idyllische kleine Insel **Muhu** › S. 136 erreicht man über eine Brücke. Hier kann man sich im Hotel Pädaste Manor › S. 136 verwöhnen lassen und die Stille der Natur ringsum genießen. Von Kuivastu auf Muhu gelangt man per Fähre zurück aufs Festland.

FINDLINGE UND HERRENHÄUSER

ROUTE: Tallinn › Lahemaa-Nationalpark › Rakvere › Glintküste › Kloster Pühtitsa › Narva

KARTE: Seite 128
DISTANZEN: 209 km; 2–3 Tage
PRAKTISCHER HINWEIS:
- Am bequemsten ist man mit dem (Miet-)Wagen unterwegs (insbesondere im Lahemaa-Nationalpark). Trotzdem ist auch diese Tour mit Linienbussen realisierbar. Innerhalb der Parkgrenzen sind die Busverbindungen eher dürftig.

TOUR-START:

Von **Tallinn** › S. 114 aus fährt man in östlicher Richtung an der Küste entlang bis nach Palmse, wo sich in einem der schönsten deutschbaltischen Gutshöfe das Besucherzentrum des **Lahemaa-Nationalparks** › S. 138 befindet. Hier starten mehrere markierte Wanderwege und man bekommt Tipps für weitere Unternehmungen. Im Park sollte man unbedingt Käsmu anschauen, eines der idyllischsten Dörfer Estlands, auf einer Halbinsel voller eindrucksvoller Findlinge. Lohnend sind außerdem Altja, Võsu und der Gutshof Sagadi. Übernachtet wird in Käsmu oder **Rakvere 12** › S. 139, wo die Ruinen der Ordensburg Beachtung verdienen. Auf der Weiterfahrt gen Osten passiert man mit der **Glintküste** › S. 140 einen der spektakulärsten Küstenabschnitte Estlands. Bevor man Narva erreicht, lohnt ein

Abstecher zum 23 km südlich gelegenen **Kloster Pühtitsa 14** › S. 141, dem einzigen russisch-orthodoxen Nonnenkloster Estlands. Das Ziel dieser Tour, die Stadt **Narva 15** › S. 141, liegt etwa 14 km landeinwärts am gleichnamigen Grenzfluss zur Russsischen Föderation. Unbedingt sehenswert sind die eindrucksvolle Hermannsfestung und ihr russisches Pendant Iwangorod auf dem gegenüberliegenden Flussufer. An der Küste träumt das ehemals glanzvolle Seebad **Narva-Jõesuu** › S. 141 von besseren Zeiten.

UNTERWEGS IN ESTLAND

WESTKÜSTE UND INSELN

HAAPSALU 1 2 D3

Das Bilderbuchstädtchen Haapsalu (12 000 Einw.) war einst ein eleganter Kurort, in dem auch die russische Zarenfamilie öfters verweilte. Ein Überbleibsel aus dieser Zeit ist der **Alte Bahnhof** von 1906, der damals den längsten überdachten Bahnsteig Europas besaß. Auch das 1905 erbaute **Kurhaus,** ein reich verzierter Holzbau am Beginn der Strandpromenade, spiegelt den Glanz jener Tage. Heute finden hier Konzerte statt, z. B. das Tschaikowski Festival Ende Juni (www.tchaikovskyfestival.ee).

Schmale Gassen und bunte Holzhäuser des 19. Jhs. prägen das Bild der Altstadt. Ihr Zentrum bildet die **Bischofsburg** aus dem 13. Jh., die

heute Schauplatz kultureller Veranstaltungen ist. Die Burgmauern um den grünen Innenhof bieten eine romantische Kulisse (tgl. 7–24 Uhr).

In einem kleinen Holzhaus in Haapsalu (Linda 6) wuchs Ilon Wikland auf, die Illustratorin der Kinderbücher von Astrid Lindgren. 1944 flüchtete Wikland nach Schweden. Wer genau hinschaut, wird Ähnlichkeit zwischen Haapsalu und Bullerbü feststellen. **Ilon's Wonderland** ist ein kleiner Themenpark für Kinder nach Motiven der Künstlerin, derenen Arbeiten in einer Galerie ausgestellt sind (Kooli 5, Mai bis Aug. tgl. 10–18, sonst Mi–So 11 bis 17 Uhr, www.salm.ee).

INFO

Touristeninformation Haapsalu
• Karja 15 | 90504 Haapsalu
  Tel. 473 3248 | www.visithaapsalu.com

VERKEHRSMITTEL

- Die **Fähren** nach Hiiumaa (Hafenort Heltermaa) und Vormsi legen in Rohuküla 10 km westlich von Haapsalu ab Die Fahrtzeit nach Heltermaa beträgt 90 Min. (Pkw 10 €, Erw. 3,40 €, www.praamid.ee), die Fahrtzeit nach Sviby 45 Min. (PKW 7 €. Erw. 3,20 €, www.veeteed.com).

HOTEL

Spa Hotel Laine €€
Modernes Hotel am Strand mit breitem Wellnessangebot und Schwimmbad. Restaurant mit Meerblick.
- Sadama 9/11 | 90502 Haapsalu
  Tel. 472 4400
  www.laine.ee

RESTAURANT

Kuursaal €€
Cocktails zum Sonnenuntergang und gute internationale Küche in nostalgischem Ambiente (Mai–Sept.).
- Promenaadi 1 | 90502 Haapsalu
  Tel. 473 7272
  http://kuursaal.ee

HIIUMAA

Wer Ruhe sucht, ist hier richtig: Estlands zweitgrößte Insel (989 km²) hat nur 11 000 Einwohner und steht unter Naturschutz. Siedlungen konzentrieren sich an der Küste; das Inselinnere ist von Mooren, Wäldern und Wacholderheiden bedeckt. Zur Fauna gehören Elche und Luchse. Touristisches Zentrum ist **Kärdla** **2** ▌ C3, ein gepflegtes Städtchen im Nordwesten Hiumaas.

Auf der Halbinsel **Kõpu** **3** ▌ C3/4 im Westen weist schon seit dem 16. Jh. ein Leuchtturm den Weg; von seiner Aussichtsplattform (130 Stufen) hat man einen schönen Blick auf die Küste (Mai–Mitte Sept. tgl. 10–20 Uhr).

Das spätbarocke **Gutsschloss Suuremõisa** **4** ▌ C4 gehört zu den schönsten Herrenhäusern des Baltikums. Es liegt in einem verwunschenen Park mit knorrigen alten Bäumen und Teichen. Heute beherbergt der Bau zwei Schulen, lohnt aber auf jeden Fall einen Abstecher (6 km vom Hafen Heltermaa).

INFO

Touristeninformation Hiiumaa
- Hiiu 1 | Kärdla | 92413 Hiiumaa
  Tel. 504 5393
  www.hiiumaa.ee

VERKEHRSMITTEL

- **Fähre** vom Hafen Sõru nach Saaremaa (Hafen Triigi bei Leisi) 2-mal tgl.; Fahrtzeit ca. 1 Std., Pkw 8,40 €, Erw. 3 €, www.veeteed.com.
- **Bootstouren** zu den kleineren Inseln organisiert das Hotel Liilia > S. 133, das auch einen Bootsverleih betreibt.

HOTELS

Heltermaa €€
Freundliches Hotel am Fährhafen, 18 moderne Zimmer, alle mit Meerblick. Restaurant, Bar, Sauna.
- Pühalepa | Heltermaa | 92312 Hiiumaa
  Tel. 5620 2928
  www.heltermaahotell.ee

Sõnajala €
Einfache, aber saubere Unterkunft mit Sauna und Fahrradverleih.
- Leigri väljak 3 | Kärdla | 92412 Hiiumaa
  Tel. 463 1220
  www.sonajala.ee

RESTAURANTS

Kuur €€

Beliebtes Restaurant direkt am Hafen von Kärdla. Auf der Speisekarte stehen natürlich auch Fischgerichte.

• Sadama 28 | Kärdla
  92411 Hiiumaa | Tel. 5689 6333
  http://kassarikeskus.ee

Liilia €€

Hotel-Restaurant mit internationaler Küche und estnischen Spezialitäten. An der Rezeption kann man auch Fahrräder ausleihen.

• Hiiu 22 | Käina | 92101 Hiiumaa
  Tel. 463 6146 | www.liiliahotell.ee

SAAREMAA ⑩

Nach Jahrzehnten als militärisches Sperrgebiet hat der Tourismus Saaremaa (Ösel, 37 000 Einw.) wach geküsst: Die größte estnische Insel präsentiert sich als Sommeridyll wie aus vergangener Zeit, mit viel unberührter Natur, lichten Wäldern und langen Sandstränden, bunten Holzhäusern und alten Windmühlen. Der Tourismus konzentriert sich (noch) auf Kuressaare. Auf dem Weg vom Hafen bei Leisi dorthin kommt man an **Angla** mit den für Saaremaa typischen Bockwindmühlen vorbei. Das Dorf **Karja** besitzt eine einschiffige Steinkirche aus dem 14. Jh. Der Kratersee bei **Kaali** entstand, als vor ca. 4000 Jahren ein Meteorit auf Saaremaa aufschlug.

KURESSAARE ⑤ 📘 c4

Der mit 16 000 Einwohnern größte Ort der Insel war einst als Arensburg in deutschen Karten verzeichnet. In der hübsch restaurierten Altstadt stehen klassizistische Bürgerhäuser neben prachtvollen Holzvillen aus dem 19. Jh.

Die **Bischofsburg** aus dem 14. Jh. dominiert das Städtchen. Sie ist die am besten erhaltene Burg des Ritterordens im Baltikum. Den quadratischen Hof umgeben schwere Befestigungsmauern mit zwei mächtigen Wehrtürmen, Wälle und Wassergraben. Im Inneren informiert ein Museum über die Geschichte der Insel. Im Burghof finden im Sommer kulturelle Veranstaltungen statt. Umgeben ist die Anlage von einem im 19. Jh. angelegten Park (Mai–Aug. tgl. 10–19, sonst Mi–So 11–19 Uhr).

ÜBER DIE INSEL

Gleich hinter Kuressaare beginnen Birken- und Kiefernwälder. Nordwärts fahrend erreicht man den Sprengel **Tagaranna** ⑥ 📘 C4, wo jedes der kleinen Holzhäuser von einer Steinmauer umgeben ist. Selbst die Äcker sehen aus, als wüchsen hier nur Steine aus dem Boden.

Südwestlich von Kuressaare erstreckt sich die dünn besiedelte **Sõrve-Halbinsel** ⑦ 📘 C5 mit touristisch noch wenig erschlossenen Sandstränden. Hier kann man bis zum Leuchtturm am Ende der Landzunge fahren und nach Lettland hinüberträumen.

INFO

Touristeninformation Kuressaare

• Tallinna 2 | 93819 Kuressaare
  Tel. 453 3120
  www.saaremaa.ee

Die Bockwindmühlen bei Angla sind ein Wahrzeichen Saaremaas

VERKEHRSMITTEL
- **Busbahnhof:** Pihtla tee 2, Kuressaare, Tel. 453 16 60. Verbindungen in alle größeren Städte Estlands.
- **Flughafen:** Roomassaare tee 1, Tel. 453 0313, www.kuressaare-airport.ee. Flüge nach Tallinn tgl. außer Sa.

AKTIVITÄTEN
- **Geführte Radtouren** von 3 Std. bis zu mehreren Tagen veranstaltet das Reisebüro Mere (www.rbmere.ee).

HOTELS
Arensburg €€€
25 Zimmer in einem historischen Gutshof mitten in der Altstadt von Kuressaare. Schönes Restaurant und Weinstube mit offenem Kamin.
- Lossi 15 | 93816 Kuressaare Tel. 452 4700 http://arensburg.ee

Georg Ots Spa €€€
Modernes Wellnesshotel am Sandstrand von Kuressaare ➤ S. 32.
- Tori 2 | 93810 Kuressaare Tel. 455 0000 www.gospa.ee

Spa Hotel Rüütli €€
Wellnesshotel am Jachthafen mit Pool und Kinderbetreuung; Spa Packages.
- Pargi 12 | 93810 Kuressaare Tel. 454 8100 www.saaremaaspahotels.eu

Camping Tehumardi €
Ferienzentrum im Norden der Sõrve-Halbinsel (15 Automin. von Kuressaare) mit einfachen Hotelzimmern, diversen Holzhäuschen, Campingplatz und Sauna.
- Tehumardi | 93201 Salme Tel. 457 1666 www.tehumardi.ee

RESTAURANTS

Saaremaa Veski €€
Estnische Küche in den rustikalen Räumen einer mehr als 100 Jahre alten Windmühle.
• Pärna 19 | 93814 Kuressare
   Tel. 453 3776
   www.saaremaaveski.ee

Vaekoda €
Fisch- und Wildgerichte im ehemaligen Waagehaus, große Terrasse.
• Tallinna 3 | 93819 Kuressaare
   Tel. 453 3020
   www.vaekoda.ee

MUHU

Eine Brücke verbindet Saaremaa mit Muhu. Das Inselchen hat 2000 Einwohner – entsprechend ruhig geht es hier zu. Touristische Infrastruktur ist kaum vorhanden, was für viele jedoch gerade den Reiz dieser Insel ausmacht. Weites Land mit windgepeitschten Wacholderbüschen, Findlinge und Bruchsteinmauern prägen das Bild. Kurz vor dem Damm nach Saaremaa steht die Eemu-Bockwindmühle direkt an der Straße (Mi–So 10–18 Uhr).

Das unter Denkmalschutz stehende Dorf **Koguva** 8 📕 C4 im Westen des Eilands ist heute ein von noch 30 Menschen bewohntes Freilichtmuseum mit drei Bockwindmühlen, Reetdachhäusern, blühenden Bauerngärten und moosbewachsenen Steinmauern, von denen einige schon 200 Jahre alt sind. Eine kleine Ausstellung dokumentiert das traditionelle Inselleben. Von Koguva führt eine schöne Wanderung über eine Sandbank zum Eiland Kõinastu (ca. 3 km).

VERKEHRSMITTEL

• Von Virtsu auf dem Festland aus verkehren **Fähren** zum Hafenort Kuivastu; in der Hauptsaison stündlich. Fahrzeit ca. 30 Min., Pkw 8,40 €, Erw. 3 €,
   Tel. 618 1310, www.praamid.ee.

AKTIVITÄTEN

• Reitwanderungen und Ausritte organisiert der **Reiterhof Tihuse Hobuturismitalu** (Tel. 514 8667, www.tihuse.ee) in Hellamaa. Packages für Reiter bietet auch **Pädaste Manor** > unten.

HOTELS

Pädaste Manor €€€
Restaurierter Gutshof aus dem 16. Jh. in ruhiger Lage am Meer. Gourmetrestaurant und Wellnessbereich.
• Pädaste | 94716 Muhu
   Tel. 454 8800 | www.padaste.ee

Vanatoa €
Gemütliches Gästehaus in Koguva. Reservierung erforderlich!
• Koguva | 94724 Muhu
   Tel. 5558 7494 | www.vanatoa.ee

RESTAURANT

Koost Muhu Resto €–€€
Internationale Küche von Pasta bis zu Wok-Gerichten aus heimischen Zutaten. In einem Nebengebäude wird Kunsthandwerk verkauft.
• Liiva | 94701 Muhu | Tel. 502 1391

PÄRNU 9 ⭐ 📕 D4

Pärnu (43 500 Einw.) ist die offizielle Sommerhauptstadt Estlands und verströmt mit Cafés und hübscher Strandpromenade geradezu südländisches Flair. Der kilometerlange Sandstrand ist breit und sauber. Erst jenseits der Stadtgrenzen verliert er sich in Schilfgras – hier ist die Natur noch unberührt. Pärnu hat eine lange Tradition als Kurort: Seit 150 Jahren kann man hier seine Leiden mit Schlammbädern kurieren. Neben den Kureinrichtungen tragen alte Parks und schattige Alleen zum Wohlbefinden der Urlauber bei.

Hinter dem Strand erstreckt sich der 1882 angelegte **Rannapark,** an dem viele Hotels und Restaurants liegen. In die Altstadt gelangt man von hier aus durch das **Tallinner Tor** (Tallinna värav), das einzige erhaltene Tor der Stadtbefestigung des 17. Jhs. Heute ist hier ein gemütliches Café mit Terrasse untergebracht. Die orthodoxe **Katharinenkirche** (Katariina kirik) ist mit ihrer von vier Türmen umgebenen, runden Kuppel das Wahrzeichen der Stadt. Sie wurde 1764 von Zarin Katharina II. gestiftet und diente vielen orthodoxen Kirchen im Baltikum als Vorbild (Juni–Aug. tgl. 10.15–16 Uhr). An die mittelalterliche Befestigungsanlage der früheren Hansestadt erinnert heute nur noch der **Rote Turm** (Punane torn), Pärnus ältestes Bauwerk.

INFO

Touristeninformation Pärnu

- Uus 4 | 80010 Pärnu
  Tel. 447 3000
  www.visitparnu.com

HOTELS

Villa Ammende €€€

Wunderschöner Jugendstilpalast mit ausgezeichnetem Restaurant. Preiswertere Zimmer im Gartenhaus.

- Mere 7 | 80010 Pärnu
  Tel. 447 3888
  www.ammende.ee

Spa Tervis €€

Das größte Kurhotel Estlands, nahe am Meer. Sachliches Interieur, Wellnessanwendungen zu sehr günstigen Preisen.

- Seedri 6 | 80010 Pärnu
  Tel. 445 0111
  www.spatervis.ee

RESTAURANTS

Café Grand €€

Im Restaurant des Hotels Victoria stärkte sich schon in den 1920er-Jahren die Hautevolée nach dem Schlammbad. Internationale Küche, Afternoon Tea.

- Kuninga 25 | 80014 Pärnu
  Tel. 444 3412 | www.victoriahotel.ee

Kohvik Supelsaksad €€

Beliebtes Café-Restaurant mit selbstgemachten Kuchen, aber auch Fisch- und Fleischgerichte in gemütlichem Ambiente!

- Nikolai 32 | 80014 Pärnu
  Tel. 442 2448
  www.supelsaksad.ee

Pärnu Jahtklubi €€

Fischgerichte, estnische und internationale Spezialitäten im Restaurant des Jachtklubs. Schöne Terrasse.

- Lootsi 6 | 80010 Pärnu
  Tel. 447 1760 | www.jahtklubi.ee

NIGHTLIFE

Romantic Bar

Die höchste Bar Pärnus befindet sich in der obersten Etage des achtstöckigen Tervise Paradiis Hotels.

- Side 14 | 80010 Pärnu
  Tgl. 14–24 Uhr

Auf Gut Palmse residierte früher die deutschbaltische Adelsfamilie von der Pahlen

Konzerthaus (Kontserdimaja)
Kammer- und andere klassische Konzerte.
• Aida 4 | 80011 Pärnu
  Tel. 445 5810 | www.concert.ee

NORDESTLAND

LAHEMAA-NATIONALPARK

80 km westlich von Tallinn erstreckt sich mit dem Lahemaa-National-park das beliebteste Ziel für Tages-ausflüge. Dichte Nadelwälder und einsame Moore prägen seine Land-schaft. › mehr S. 12 Punkt ❹ Außer Reihern, Kranichen und Störchen sind hier viele Wasservogelarten heimisch. Mit etwas Glück kann man auch Braunbären, Luchsen oder Elchen begegnen. Charakteristisch für Lahemaa sind die an der Küste verstreuten Findlinge. Es gibt aber auch schöne Sandstrände, etwa bei **Võsu.** Ursprüngliche Fischerdörfer

wie **Altja** liegen ruhig am Meer. Die architektonischen Attraktionen des Nationalparks sind gut erhaltene, deutschbaltische Herrensitze › S. 139. Wer kein Auto dabei hat, kann ge-führte Tagestouren buchen (z. B. bei Traveller Tours, www.traveller.ee, oder EstAdventures, www.estadven-tures.ee).

BUCHT VON KÄSMU

An einer malerischen Bucht liegt das Dorf **Käsmu** 10 ▮ E2 mit alten Fischerkaten, Kapitänshäusern und einem Seemannsfriedhof. Einen Be-such lohnt hier vor allem das skurri-le Meeresmuseum, das der Biologe Aarne Vaik in seinem Wohnhaus eingerichtet hat (geöffnet »ganzjäh-rig zu jeder Zeit«). In Käsmu begin-nen Wanderwege in die Umgebung › S. 43, in der man überall auf riesige Findlinge stößt.

GUTSHOF PALMSE 🔟 ★ 📱 E2

Das Juwel unter den estnischen Herrenhäusern war von 1674 bis 1923 im Besitz der deutschbaltischen Familie von der Pahlen, die den Gutshof im 18. Jh. im Stil des Spätbarock umbauen ließ. Das Wohnhaus ist heute der Öffentlichkeit zugänglich. Es wurde nach alten Plänen restauriert und mit zeitgenössischem Mobiliar ausgestattet. Der Große Saal dient als Konzertsaal. In der ehemaligen Schnapsbrennerei ist ein Hotel untergebracht.

Der Park mit seinen seltenen, alten Bäumen wurde im 19. Jh. um einen See angelegt und lädt mit insgesamt 40 km Wanderwegen zu ausgiebigen Spaziergängen ein (Mitte Mai–Sept. tgl. 10–19, Okt.–April tgl. 10–18 Uhr, www.palmse.ee).

INFO

Touristeninformation Lahemaa
• Palmse | 45435 Viitna
  Tel. 329 5555 | www.loodusegakoos.ee

HOTELS

Parkhotel Palmse €€
27 Zimmer im barocken Herrenhaus.
• Palmse | 45435 Viitna
  Tel. 5386 6266 | www.palmse.ee

Merekalda €
Nette Pension am Meer, nur Mai–Sept.
• Neeme 2 | 45601 Käsmu
  Tel. 323 8451 | www.merekalda.ee

💬 ESTNISCHE HERRENSITZE

Fernab der großen europäischen Höfe pflegte der deutschbaltische Adel über Jahrhunderte ein beschauliches Landherrenleben. Jeder Landsitz war ein kleines, autarkes Universum – mit Kapelle, Schulhaus, Wirtschaftsgebäuden und eigener Brennerei. Auf seinem Land war der Gutsherr König: Er sprach Recht und mehrte seinen Wohlstand durch die Arbeit der Pachtbauern. Die Entfernung zum europäischen Adel überbrückte mancher Gutsherr architektonisch: Viele Herrenhäuser erinnern an englische Landsitze; andere nehmen italienische Einflüsse auf.

Das wie Palmse im Lahemaa-Nationalpark gelegene Rokokoschlösschen **Sagadi** (18. Jh.) ist Veranstaltungsort von Konzerten und zugleich Sitz des Estnischen Forstmuseums (Mai–Sept. tgl. 10–18, Okt.–April tgl. 10–16 Uhr). Auch dort wurde in Nebengebäuden ein modernes Hotel mit Restaurant eingerichtet. Mit dem Gutshaus **Alatskivi** (19. Jh.) in Südestland (Järvamaa) näherten sich die Familien Stackelberg und Nolcken baulich dem schottischen Balmoral Castle an. Das in der Nähe gelegene **Albu** (17. Jh.) beherbergt heute eine Schule, kann aber während der Ferien besichtigt werden (8. Juni bis 17. Aug. nur nach Voranmeldung unter Tel. 385 3728). **Sangaste** (19. Jh.) bei Otepää erinnert an hingegen an Windsor Castle. Einige Räume wurden der Öffentlichkeit zugänglich gemacht (Mai–Sept. tgl. 10–18 Uhr, Tel. 529 5911, www.sangasteloss.com).

RAKVERE 12 📖 E3

An die einstige Bedeutung des 10 km landeinwärts gelegenen Städtchens (17 000 Einw.) erinnert die Ruine der **Ordensburg.** Sie war von den Dänen im 13. Jh. als Kastell errichtet worden. Nach mehrfachen Umbauten wurde sie im 18. Jh. aufgegeben (Mai–Sept. tgl. 10–18, März/April, Okt. Mi–So 10–16 Uhr, http://rakverelinnus.ee). Die Alt-

stadt zu Füßen der Burg prägen hübsche Holzhäuser und die **Dreifaltigkeitskirche.** Sie erhielt ihr heutiges Aussehen im 17. Jh. und besitzt den höchsten Turm (62 m) außerhalb von Tallinn (Juni–Sept. Mo–Sa 10–18, So 10–12 Uhr). Das **Gemeindemuseum** in einem Bürgerhaus gibt einen Einblick in die städtischen Wohnverhältnisse des 18. Jh. (Pikk tänav 50, Mai–Sept. Di–Sa 11–17 Uhr).

UNBERÜHRTE KÜSTE

- **Haffseite der Kurischen Nehrung.** Riesige Sanddünen, so weit das Auge reicht – schon Thomas Mann fühlte sich an die Sahara erinnert > S. 83.
- **Memeldelta, Litauen.** Viel Wasser, winzige Dörfer, in der Ferne das Meer > S. 84.
- **Kap Kolka, Lettland.** Im Norden des Landes treffen zwei Meere aufeinander > S. 105.
- **Livenküste, Lettland.** Nirgendwo ist die lettische Ostseeküste urwüchsiger als rund um die Fischerdörfer Košrags, Sīkrags und Mazirbe > S. 105.
- **Nordküste von Saaremaa.** Einsamkeit, duftende Kiefern und Meeresrauschen > S. 134.
- **Käsmu-Halbinsel im Lahemaa-Nationalpark.** Estlands größtes Findlingsfeld > S. 138.
- **Glintküste bei Kohtla-Järve.** Senkrecht abfallende Kalkwände, über die Wasserfälle rieseln > S. 140.

INFO

Touristeninformation Rakvere
- Lai tänav 20 | 44310 Rakvere
  Tel. 324 2734 | http://rakvere.kovtp.ee

HOTELS

Wesenbergh €€
Hübsch renovierte Zimmer in Zentrumsnähe; etwas luxuriöser sind die 8 Zimmer in der Villa Wesenbergh von 1927.
- Tallinna 25 | 44311 Rakvere
  Tel. 322 3480 | www.wesenbergh.ee

Katariina Kelder €
Wohnliches Gästehaus mit Restaurant; am Wochenende Livemusik.
- Pikk 3 | 44307 Rakvere
  Tel. 322 3943 | www.katariina.ee

GLINTKÜSTE ⭐

Die vom Ölschieferabbau lebende Industriestadt **Kohtla-Järve** 13 F2 (47 000 Einw.) besitzt wenig touristischen Reiz. Ihre Hauptattraktion ist das Bergwerksmuseum (Jaama 1, Juni–Aug. tgl. 11–18, Sept.–Mai Mi bis Sa 11–17 Uhr, www.kaevandus muuseum.ee). Doch ein kurzes Stück nördlich der Stadt beginnt die Glintküste, einer der dramatischsten Küstenabschnitte des Landes. Zum Teil erreichen die Klippen eine Höhe von über 50 m. Über Felsabbrüche stürzen sich kleine Flüsse und Bächlein ins Meer. Besonders eindrucksvoll ist der 20 m hohe Wasserfall zwischen Ontika und Valaste. Im einstigen Kurort **Toila** gibt es am Fuß der Steilküste gute Bademöglichkeiten. Zum Strand führen Treppen.

HOTELS

Alex €€
Nüchterne Ausstattung in zentraler Lage. Restaurant, Casino und Pool.
• Kalevi 3 | 30325 Kohtla-Järve
　Tel. 339 6230 | www.alex.ee

Toila Spa Hotel €
In Strandnähe gelegenes, großes Kurhotel mit 280 Zimmern, Schwimmbad, modernem Wellnesscenter und Sauna. Gleich nebenan liegt ein Campingplatz, der ebenfalls zum Hotel gehört.
• Ranna 12 | 41702 Toila
　Tel. 334 2900 | www.toilaspa.ee

KLOSTER PÜHTITSA 14 ▮ F3

Von Kohtla-Järve bietet sich ein Abstecher ins 35 km entfernte Pühtitsa bei Kuremäe an, dem einzigen bewohnten orthodoxen Kloster Estlands. 150 Nonnen leben hier vom Gemüse- und Getreideanbau. Zu der 1891 gegründeten Anlage gehören sechs Kirchen, darunter die **Himmelfahrtskathedrale** (1910) mit ihren leuchtend grünen Kuppeln. Hohe Feldsteinmauern umgeben einen idyllischen **Garten.**

Das Kloster, das dem Moskauer Patriarchat unterstellt ist, macht wenig Zugeständnisse an den Tourismus. Man kann sich jedoch in Ruhe in der Anlage umsehen. Das kleine Gästehaus im Kloster ist auf die Bedürfnisse von Pilgern abgestellt (Tel. 337 0715).

NARVA 15 ▮ F2

In der Grenzstadt (74 000 Einw.) sind ca. 95 % der Einwohner Russen. Die Altstadt wurde im Zweiten Weltkrieg völlig zerstört, doch der Anblick zweier mächtiger, nur durch einen Fluss voneinander getrennten Festungsanlagen lohnt den Weg hierher. Die estnische **Hermannsfestung** (Hermaani Linnus) wurde im 13. Jh. von den Dänen errichtet und später vom Deutschen Orden und den Schweden ausgebaut. Ein ausgeschilderter Rundgang führt durch mehrere Burgräume, in denen auch das Stadtmuseum seine Sammlung präsentiert (tgl. 10 bis 18 Uhr). Vom »Langen Hermann« hat man einen schönen Blick auf die russische **Festung Iwangorod,** die Zar Iwan III. im 15. Jh. am gegenüberliegenden Flussufer der Narva errichten ließ.

Narva-Jõesuu, einstmals ein attraktives Kurbad und heute von wirtschaftlicher Krise geplagt, liegt 14 km außerhalb des Stadtzentrums und besitzt einen prachtvollen, kilometerlangen Sandstrand und schönen Kiefernwald.

INFO

Touristeninformation Narva
• Peetri 3 | 20308 Narva
　Tel. 359 9137
　http://tourism.narva.ee

HOTELS

King €€

Originelles Hotel in einem ehemaligen Lagerhaus aus dem 17. Jh. Behagliche Zimmer mit Holzfußböden. Restaurant mit internationaler Küche, im Winter speist man am Kamin.

• Lavretsovi 9 | 20307 Narva
Tel. 357 2404 | www.hotelking.ee

Narva Jõesuu Spa €€

Großes Spa-Hotel im traditionsreichen Badeort an der Mündung der Narva. 7 km langer Sandstrand. Funktionalistischer Bau aus den 1930er-Jahren, moderne Wellnesseinrichtungen.

• Aia 3 | 29002 Narva-Jõesuu
Tel. 359 9529 | www.narvajoesuu.ee

Gipskopien antiker Skulpturen im Kunstmuseum der Tartuer Universität

ESTLANDS SÜDOSTEN

TARTU 16 ⭐ 📱 F4

Als Sitz der ältesten estnischen Universität war Tartu (Dorpat; 100 000 Einw.), das sich zu beiden Seiten des Emajogi-Flusses ausbreitet, von jeher das geistige Zentrum des Landes. Auch für die Unabhängigkeitsbewegung spielte es eine wichtige Rolle: 1869 fand hier das erste estnische Sängerfest statt. Als Tartu im 19. Jh. durch einen Großbrand zerstört wurde, beschloss man, fortan ausschließlich in Stein zu bauen. So entstand das herrliche, klassizistische Ensemble der Altstadt. Im Gefolge der Studentenschaft hat sich in ihren Straßen eine reiche Kneipen- und Cafékultur entwickelt.

ALTSTADT

Tartus Herz schlägt am **Rathausplatz** (Raekoja plats), den historische Bürgerhäuser in Pastelltönen begrenzen. Durch Bodenabsenkung ist das **Haus Nr. 18** so schief wie der Turm von Pisa. Es beherbergt das Kunstmuseum von Tartu, das Werke estnischer Maler zeigt (Mi, Fr–So 11 bis 19, Do 11–21 Uhr, http://tartmus.ee). Das **Rathaus** steht an der Westseite des Platzes. Es wurde 1789 errichtet und gilt als eines der schönsten klassizistischen Gebäude des Landes.

Die Ülikooli tänav führt zum Hauptgebäude der **Universität,** einem klassizistischen Prachtbau mit Säulenvorhalle. Wenn gerade keine Vorlesung stattfindet, lohnt ein Blick in die stuckverzierte Aula. Im Südflügel des Baus ist das Kunstmuseum der Uniiversität mit Gipskopien antiker Skulpturen untergebracht (Mo bis Fr 11–17 Uhr, www.kunstimuuseum.ut.ee).

Nördlich, an der Jaani tänav, liegt die gotische **Johanniskirche** (Jaani Kirik), Estlands bedeutendste Backsteinkirche. Hinsichtlich ihres künstlerischen Werts einmalig sind die gotischen Terrakottaskulpturen, die das Hauptportal mit dem massiven Westturm und Kapitele im Innern der dreischiffigen Basilika schmücken (Mo–Sa 10–19 Uhr).

DOMBERG

Der Domberg (Toomemägi) ist heute eine hübsche Parkanlage mit verschlungenen Spazierwegen, die alte Bäume und Denkmäler prominenter Wissenschaftler zieren. Sie wurde um die Ruine der mittelalterlichen **Domkirche** (Toomkirik) angelegt. Den erhalten gebliebenen Chorraum baute man 1806 zur Bibliothek um. Er beherbergt heute das Historische Museum der Universität (Mai–Sept. Di–So 10–18, Okt.–April Mi–So 11–17 Uhr, www.muuseum.ut.ee). Die Engelsbrücke (Inglisild) führt zur **Sternwarte**, die im 19. Jh. eines der besten Fernrohre Europas besaß.

AHHAA

Das Wissenschaftszentrum vermittelt Themen aus Naturwissenschaft und Technik, zahlreiche Versuche verführen zum Mitmachen. Highlights sind das Planetarium und das 4-D-Kino (Sadama 1, So–Do 10–19, Fr/Sa 10–20 Uhr, www.ahhaa.ee).

ESTNISCHES NATIONALMUSEUM

Das im weitläufigen Parkgelände von Raadi Manor errichtete Museum beleuchtet anhand von Einzelschicksalen den estnischen Alltag in verschiedenen Zeiten und informiert über Kultur und Geschichte der finno-ugrischen Völker. Zudem gibt es Wechselausstellungen (Muuseumi tee 2, Di–So 10 bis 18,Uhr, www.erm.ee).

INFO
Touristeninformation Tartu
• Raekoja plats 1a | 50089 Tartu
　Tel. 744 2111
　www.visittartu.com

AKTIVITÄTEN
• Lohnend sind **Bootstouren** mit der »Pegasus« auf dem Fluss Emajõgi und zur Insel Piirissaare im Peipus-See (nur Mai bis Sept., Tel. 737 1043, www.dorpat.ee/riverboat).

HOTELS
Draakon €€€
Stilvolles kleines Hotel am Rathausplatz mit schönem Restaurant und Bierkeller.
• Raekoja plats 2 | 51003 Tartu
　Tel. 501 9173 | www.draakon.ee

Pallas €€
Komfortables Haus mit künstlerisch eingerichteten Zimmern und tollem Blick.
• Riia 4 | 51004 Tartu
　Tel. 730 1200 | www.pallas.ee

RESTAURANT
Püssirohukelder €€
Rustikales Restaurant im historischen Pulverkeller; Livemusik.
• Lossi 28 | 51003 Tartu
　Tel. 730 3555 | http://pyss.ee

NIGHTLIFE

Vanemuine Theater

Die Ballett- und Opernaufführungen im ältesten Theater des Landes (1870) kann man auch ohne estnische Sprachkenntnisse genießen.

- Vanemuise 6 | 51003 Tartu
  Tel. 744 0100
  www.vanemuine.ee

Art & Jazz Club Illegaard

Mo Pianobar, Fr Livemusik. Ansonsten Jazz und Wechselausstellungen in der zugehörigen Galerie.

- Ülikooli 5 | 51003 Tartu
  Tel. 740 1714r
  www.illekas.ee
  Mo–Mi 12–1, Do, Fr 12–3, Sa 14–3,
  So 14–1 Uhr

Eduard Vilde Lokaal & Kohvik

Im Obergeschoss befindet sich die traditionelle Kneipe mit irischem Bier und Live-Jazz, im Erdgeschoss gibt es neben dem Café einen gut sortierten Buchladen.

> mehr S. 17 Punkt **㉙**
- Vallikraavi 4 | 51003 Tartu
  Tel. 734 3400
  www.vilde.ee
  So geschl.

PEIPUS-SEE

Für Ruhesuchende ist der Peipus-See (Peipsi järv) ein lohnendes Ziel. Sein Ufer säumen Fischerdörfer, Dünen und einsame Sandstrände. Touristische Einrichtungen gibt es bislang kaum: Das Angebot beschränkt sich auf Camping und Ferien auf dem Bauernhof.

Am Westufer des Sees siedelten sich im 19. Jh. russische Altgläubige an, die in ihrer Heimat verfolgt wur-

den. In **Kolkja** 17 ◾ F4 (63 km von Tartu) steht ein Gotteshaus dieser Religionsgemeinschaft. Ein kleines Museum gibt Einblicke in ihre Lebensweise (nur nach Voranmeldung unter Tel. 5662 3980). Einen der schönsten Herrensitze Estlands besitzt der vom Seeufer etwas abgelegene kleine Ort **Alatskivi** 18 ◾ F3 (Tel. 528 6598, Mai-Sept. tgl. 11 bis 19, Okt.–April Di–So 10–16 Uhr, www.alatskiviloss.ee), vgl. › S. 139. Der Fischerort **Kallaste** 19 ◾ F3 liegt am einzigen Steilküstenabschnitt des Peipus-Sees – rötliche Sandsteinfelsen fallen hier 6 m tief zum Wasser ab.

INFO

Touristeninformation Peipsiveere

- Liivi Muuseum
  Alatskivi | 60201 Tartumaa
  Tel. 514 4851
  http://muusa.ee

SUUR MUNAMÄGI 20 ◾ F5

Etwa 18 km südlich von Võru (14 200 Einw.) liegt der Suur Munamägi, mit 318 m die höchste Erhebung Estlands und des gesamten Baltikums. Vom Aussichtsturm auf dem Gipfel hat man bei klarem Wetter einen weiten Blick (April–Aug. tgl. 10–20, Sept./Okt. 10–17, sonst Sa/So 12–15 Uhr). Am Parkplatz gibt es ein Café mit Außenterrasse, das auch kleine Gerichte serviert.

INFO

Touristeninformation Võru

- Jüri 12 | 65605 Võru
  Tel. 782 1881
  www.visitvoru.ee

EXTRA-TOUREN

Bäume haben es schwer auf dem
sauren Moorboden in Estland

TOUR
19

GROSSE BALTIKUM-RUNDREISE

ROUTE: Vilnius › Druskininkai › Kaunas › Kurische Nehrung › Klaipėda › Palanga › Šiauliai / Berg der Kreuze › Rīga › Rundāle › Jūrmala › Pärnu › Saaremaa › Tallinn › Tartu › Sigulda › Vilnius

KARTE: Klappe hinten
DISTANZEN:
2149 km; 21 Tage. **Vilnius › Trakai › Vilnius** 50 km; **Vilnius › Druskininkai** 130 km; **Druskininkai › Kaunas** 123 km; **Kaunas › Kurische Nehrung (Juodkrante)** 204 km; **Klaipėda › Palanga › Klaipėda** 50 km; **Klaipėda › Šiauliai › Rīga** (Grenzübergang bei Eleja) 300 km; **Rīga › Pärnu** (Grenzübergang bei Ainaži) 160 km; **Pärnu › Saaremaa** 150 km; **Saaremaa › Tallinn** 264 km; **Tallinn › Tartu** 185 km; **Tartu › Sigulda** (Grenzübergang bei Valka) 199 km; **Sigulda › Vilnius** 359 km.
PRAKTISCHE HINWEISE:
Die Tour ist ideal für Selbstfahrer, die auf dem Landweg über Polen anreisen. Sie lässt sich dank des hervorragenden Busnetzes aber auch problemlos mit Überlandbussen realisieren, die mehrmals täglich die Städte auf der Strecke miteinander verbinden. Zwischen Klaipėda und der Kurischen Nehrung verkehrt regelmäßig eine Autofähre (30 Min.). Die estnische Insel Saaremaa hat über die Insel Muhu eine Fähranbindung ans Festland (Hafen Virtsu).

Wer ohne Stress alle wichtigen Sehenswürdigkeiten des Baltikums sehen und erleben will, sollte sich drei Wochen Zeit lassen. Die Tour startet in **Vilnius** › S. 56. Die Altstadt der litauischen Kapitale zählt zum UNESCO-Weltkulturerbe und birgt wunderschöne Bauwerke des Barock und der Gotik, darunter zahlreiche Kirchen. Man sollte sich drei Tage Zeit nehmen, am ersten Tag besucht man Kathedrale, Tor der Morgenröte, Obere Burg und Gotischen Winkel. Ein Tag gehört Nationalmuseum, KGB-Museum und CAC, dem Zentrum für zeitgenössische Kunst, ein weiterer Tag dem Ausflug zur Wasserburg **Trakai** › S. 73 im Galvė-See. Auf dem Weg zum Kurort **Druskininkai** › S. 78 kann man im Grūtas-Park eine skurrile Sammlung vom Sockel gestürzter Sowjethelden anschauen, bevor man sich an seinem Etappenziel in ein Mineralbad sinken lässt. **Kaunas** › S. 75 lohnt mit seiner bildschönen Altstadt und einer Vielzahl von Museen einen Aufenthalt von zwei Tagen. Von hier aus geht es auf die **Kurische Nehrung** › S. 83, wo man in Juodkrante den Hexenberg erklimmt, bevor man mit Nida den Hauptort der

Landzunge erreicht. Nun gilt es zu entscheiden, ob man in zwei Tagen Große Düne, Thomas-Mann-Haus und das Bernsteinmuseum besichtigt oder länger bleibt und sich erholt. Von Nida kehrt man per Autofähre nach **Klaipėda** › S. 80 zurück, wo die Altstadt, der Theaterplatz und die alte Post sehenswert sind. Ein Tagesausflug führt von hier nach **Palanga** › S. 79, dem größten litauischen Badeort mit wunderschönem Strand und interessantem Bernsteinmuseum. Hier übernachtet man oder fährt zurück nach Klaipėda, von wo es anderntags über Šiauliai und die Pilgerstätte **Berg der Kreuze** › S. 75 nach **Rīga** › S. 85 geht.

Sommerliche Blütenpracht vor einer alten Fischerkate in Nida

Auch für die lettische Hauptstadt ist ein dreitägiger Aufenthalt ideal. Schloss, Große und Kleine Gilde, Dom und Petrikirche sind die Highlights der mittelalterlichen Altstadt, der Besuch des Okkupationsmuseums ist wichtig für das Verständnis des Landes. Ein Fassadenbummel entlang der schönsten Jugendstilensembles in der Albert- und Elisabethstraße gehört ebenso dazu wie ein Ausflug zum **Schloss Rundāle** › S. 109 mit seiner prächtigen Innenausstattung im Stil des Rokoko. Wer dann wieder Lust auf Strandleben hat, verbringt einen Tag im Kurort **Jūrmala** › S. 104.

Von Rīga führt der Weg die Küste entlang über die Via Baltica nach Norden ins estnische Seebad **Pärnu** › S. 136. In Estlands Sommerhauptstadt flaniert man durch die kleine Altstadt und nimmt im Spa ein Bad in dem Heilschlamm, der Pärnu berühmt gemacht hat. Nächste Touretappe ist die Insel **Saaremaa** › S. 134, deren Hauptstadt Kuressaare eine gut erhaltene spätgotische Bischofsburg besitzt. Eine Rundfahrt über die Insel führt in verwunschene kleine Dörfer, an eine eindrucksvolle Steilküste und zu schönen alten Windmühlen. Drei Tage wären ideal, um nichts an Erholung einzubüßen, bevor man (über Hiiumaa und Haapsalu oder – schneller – über Pärnu und die E 67) **Tallinn** › S. 114 erreicht. Die estnische Hauptstadt besitzt eine der besterhaltenen mittelalterlichen Altstädte Europas. Auf dem Programm stehen weiterhin Schloss Katharinental, die estnische Nationalgalerie KUMU, die Ruinen des Birgittenklosters in Pirita sowie das Estnische Freilichtmuseum Rocca al Mare. Die Universitätsstadt **Tartu** › S. 142, geistiges Zentrum des Landes, wirkt mit der schönen Altstadt und einem großen kulturellen

Angebot wie die kleine Schwester Tallinns. Von Tartu geht es zurück nach Lettland und über **Cēsis** › S. 112 mit Schloss und Ordensburg nach **Sigulda** › S. 111, einem günstigen Ausgangspunkt für Ausflüge in den **Gauja-Nationalpark** › S. 113. Wer längere Wanderungen oder eine Paddeltour unternehmen möchte, bleibt zwei Tage, um anschließend über **Bauska** › S. 110 nach Vilnius zurückzukehren.

HÖHEPUNKTE DES BALTIKUMS

ROUTE: Vilnius › Kurische Nehrung › Rīga mit Schloss Rundāle oder Jūrmala › Pärnu › Tallinn › Vilnius

KARTE: Klappe hinten
DISTANZEN:
1288 km; 9 Tage. **Vilnius** › **Kurische Nehrung** (Fährhafen Klaipėda) 205 km; **Kurische Nehrung** › **Rīga** 215 km; **Rīga** › **Pärnu** 150 km; **Pärnu** › **Tallinn** 125 km; **Tallinn** › **Vilnius** 593 km.
PRAKTISCHE HINWEISE:
Die Tour eignet sich für Selbstfahrer, lässt sich aber auch mit Überlandbussen durchführen. Die Via Baltica, die die Hauptstädte miteinander verbindet, ist sehr gut ausgebaut. Das Reisen per Flugzeug ist aufgrund der geringen Entfernungen nur zwischen Tallinn und Vilnius sinnvoll. Busreisende können in Erwägung ziehen, statt der Rückfahrt via Rīga von Tallinn nach Vilnius zu fliegen (Flugzeit 1 Std. 25 Min. Air Baltic und Ryan Air bieten One-Way-Tickets für unter 40 € an.).

In zwei Tagen kann man in **Vilnius** › S. 56 zwar nicht alle 1200 Barockbauten, wohl aber die Highlights der Innenstadt besichtigen. Von hier geht es anschließend weiter an die Ostseeküste. Man nimmt in Klaipėda die Fähre zur **Kurischen Nehrung** › S. 83 und fährt auf der Landzunge bis zum schönen Ort **Nida** › S. 83, der sich auch als Quartier anbietet. Anderntags kehrt man zurück aufs Festland und steuert **Rīga** › S. 85 an. Hier erkundet man an einem Tag die mittelalterliche Altstadt und die Jugendstilensembles in Elisabeth- und Albertstraße. Der zweite Tag ist einem Ausflug in die Umgebung gewidmet: Je nach Interesse, Lust und Laune besichtigt man das prachtvolle, barocke **Schloss Rundāle** › S. 109 oder verbringt einen Strandtag im nahen **Jūrmala** › S. 104, das außer weißem Sand auch schöne Beispiele baltischer Holzarchitektur besitzt.

Den sechsten Tag verbringt man auf jeden Fall am Meer: **Pärnu** › S. 136 ist Estlands Sommerhauptstadt – wann immer möglich, verlassen die Hauptstadtbewohner an schönen Sommerwochenenden Tallinn zugunsten dieses alten, aber sehr lebhaften Kurbads am Meer. Nächster Stopp ist **Tallinn** › S. 114, wo die mittelalterliche Altstadt rund ums wunderschöne gotische Rathaus, das neue Meeresmuseum im alten Wasserflughafen sowie der Stadtteil Kadriorg mit Schloss Katharinental und ein Kurzbesuch in der Nationalgalerie KUMU auf dem Programm stehen. Wer mit dem Auto zurückfährt, kann der Strecke mit einem Abstecher in die vom Klassizismus geprägte Universitätsstadt **Tartu** › S. 142 Abwechslung verleihen. Ansonsten kehrt man am achten Tag über die Via Baltica nach Vilnius zurück. Dort verbringt man die letzte Nacht. Je nach Abreisezeit kann man anderntags noch einen Besuch in **Trakai** › S. 73 einplanen.

BALTISCHE NATIONALPARKS

ROUTE: Tallinn › Lahemaa-Nationalpark › Soomaa-Nationalpark › Rīga › Gauja-Nationalpark (Sigulda) › Daugavpils › Aukštaitija-Nationalpark › Vilnius

KARTE: Klappe hinten
DISTANZEN:
920 km; 10 Tage. **Tallinn** › **Palmse** 80 km; **Palmse** › **Pärnu** 180 km; **Pärnu** › **Rīga** (Grenzübergang bei Ainaži) 160 km; **Rīga** › **Sigulda** 60 km; **Sigulda** › **Daugavpils** 270 km; **Daugavpils** › **Ignalina** 70 km; **Ignalina** › **Vilnius** 100 km.
PRAKTISCHE HINWEISE:
Die Tour lässt sich mit Überlandbussen, bequemer aber mit dem eigenen Auto realisieren, das in ländlichen Gegenden mehr Beweglichkeit bietet. Autos sind in den Nationalparks, in denen sich auch Dörfer befinden, zugelassen. Vorteil der Busreise ist, dass man auf dem Rückweg von Vilnius nach Tallinn fliegen kann und sich so die Rückfahrt über die Via Baltica spart.

Wer viel wandern und die ganz unterschiedlichen Naturlandschaften einiger der schönsten Nationalparks des Baltikums auf sich wirken lassen möchte, sollte für diese Tour zehn Tage einplanen. Von Tallinn aus fährt man in Richtung Osten zum **Lahemaa-Nationalpark** › S. 138 mit seiner Landschaft aus Wald, Wiesen, Moor und der zerklüfteten Küste mit riesigen Findlingen. In **Palmse** › S. 139 befindet sich das Besucherzentrum, das Tipps für unterschiedlich lange Wandertouren gibt (Übernachtung in Palmse oder Käsmu). Vor dem Besuch des **Soomaa-Nationalparks** › S. 43 kann man im nahen **Pärnu** › S. 136 übernachten und dort ein wenig Badeortflair genießen. Denn von hier aus geht es in die Einsamkeit des wasserreichen Naturschutzgebietes mit seinen Mooren und Sümpfen. Je nach Wanderlust bietet sich eine Campingübernachtung an. An der Küste entlang geht es von Pärnu in Richtung Süden nach **Rīga** › S. 85. Hier erlebt man ein wenig Großstadtatmosphäre, bevor man die Wanderwege des **Gauja-Nationalparks** › S. 113 rund um **Sigulda** › S. 111 erkundet oder eine Paddeltour auf der Gauja unternimmt. Während dieser Nationalpark vergleichsweise belebt ist, führt das letzte Ziel der Tour tief in Natur und Einsamkeit. Über Daugavpils und die A 13 erreicht man Litauen (Grenze bei Zarasai) und den **Aukštaitija-Nationalpark** › S. 42. Der Park bietet eine Vielzahl von Wanderwegen und ist mit seinen 126 Seen und zahlreichen Flüssen geradezu prädestiniert für Kanutouren. Hier lohnen zwei Übernachtungen. Einfache Unterkünfte in Holzhäuschen, ein Besucherzentrum und Mietmöglichkeiten für Boote gibt es in **Paluše** › S. 42, Hotelkomfort bietet das benachbarte **Ignalina** › S. 43. Auf dem Weg nach **Vilnius** › S. 56 sind Abstecher in die Universitätsstadt **Kaunas** › S. 75 oder zum **Europa-Park** › S. 74 möglich, der sich um den geografischen Mittelpunkt Europas erstreckt.

Bei Līgatne überquert die einzige noch erhaltene Flussfähre des Baltikums die Gauja

INFOS VON A–Z

ÄRZTLICHE VERSORGUNG

Die medizinische Versorgung durch Ärzte und Apotheken ist flächendeckend. Die Europäische Krankenversicherungskarte (EHIC) gilt in den baltischen Staaten. Die Behandlung muss man im Voraus bezahlen; die eigene Krankenkasse erstattet die Kosten gegen Vorlage der Quittung. Eine private Auslandskrankenversicherung deckt Mehrkosten und ggf. einen Rücktransport ab.

BARRIEREFREIES REISEN

Behindertengerecht ausgestattete Gebäude und Verkehrsmittel sind im Baltikum bisher die Ausnahme. Nähere Auskunft erteilt der Reiseservice des Bundesverbands Selbsthilfe Körperbehinderter e. V., www.bsk-ev.org.

DIPLOMATISCHE VERTRETUNGEN

Estland:
- **Deutsche Botschaft**
  Toom-Kuninga 11, 15048 Tallinn,
  Tel. 627 5300, www.tallinn.diplo.de
- **Österreichische Botschaft**
  Vambola 6, 10114 Tallinn, Tel. 627 8740,
  www.bmeia.gv.at/oeb-tallinn
- **Schweizerisches Generalkonsulat**
  Laki 5, 10621 Tallinn,
  Tel. 658 1133

Lettland:
- **Deutsche Botschaft**
  Raina bulvāris 13, 1050 Rīga,
  Tel. 6708 5100,
  www.riga.diplo.de
- **Österreichisches Honorarkonsulat**
  Pils 12, 1050 Rīga, Tel. 6704 4000,
  www.bmeia.gv.at/oeb-riga
- **Botschaft der Schweiz**
  Elizabetes 2, 1340 Rīga,
  Tel. 6733 8351,
  www.eda.admin.ch/riga

Litauen:
- **Deutsche Botschaft**
  Sierakausko 24, 03105 Vilnius,
  Tel. 5210 6400,
  www.wilna.diplo.de
- **Österreichisches Honorarkonsulat**
  Jogailos 9, 01116 Vilnius,
  Tel. 52 66 66 82,
  www.austrianconsulate.lt
- **Schweizerisches Generalkonsulat**
  Lvovo 25, 09320 Vilnius,
  Tel. 5203 2969

EINREISE

Für Reisende aus EU-Ländern entfällt durch das Schengenabkommen die Passkontrolle, dennoch ist ein gültiger Ausweis mitzuführen und auf Anfrage vorzuzeigen. Kinder benötigen ein eigenes Ausweisdokument mit Lichtbild.

ELEKTRIZITÄT

Die Netzspannung beträgt 220 Volt, 50 Hz. Euro-Norm-Stecker passen meist. In ländlichen Gebieten kann ein Adapter für Osteuropa nützlich sein.

FEIERTAGE

1. Januar Neujahrstag; 16. Febr. Unabhängigkeitstag (Litauen); 24. Febr. Unabhängigkeitstag (Estland); 11. März Tag der wiedererlangten Unabhängigkeit (Litauen); Karfreitag; Ostermontag (Estland und Lettland); 1. Mai (alle drei Länder); 23. Juni Tag des Sieges (Estland); 23. Juni Mittsommerfest (Lettland); 24. Juni Johannisfest (alle drei Länder); 6. Juli Krönung von Fürst Mindaugas (Litauen); 15. Aug. Maria Himmelfahrt (Litauen); 20. Aug. Tag der wiedererlangten Unabhängigkeit (Estland); 1. Nov. Allerheiligen (Litauen); 18. Nov. Unabhängigkeitstag (Lettland); 25./26. Dez. Weihnachten; 31. Dez. Silvester (Lettland).

GELD UND WÄHRUNG

Ursprünglich wollten Estland schon 2006 und Lettland 2008 den Euro einführen, was aber aufgrund der ungewöhnlich hohen Inflationsrate in beiden Ländern verschoben wurde. Letztendlich wurde der Euro dennoch eingeführt, zuerst 2011 in Estland, wo er die estnische Krone ablöste, und 2014 in Lettland anstelle des Lats. Litauen gab als letztes der drei baltischen Länder die eigene Währung auf und verwendet seit 2015 den Euro anstelle des Litas als offizielles Zahlungsmittel.

Bargeld bekommt man am Geldautomaten (Bank- und Kreditkarten). Kreditkarten finden in den Städten und in der Hotellerie weite Akzeptanz.

HAUSTIERE

Bei der Mitnahme von Haustieren muss der EU-Heimtierpass mitgeführt werden, aus dem sich ein gültiger Tollwutschutz ergibt. Das Tier muss zudem mit einem Mikrochip gekennzeichnet sein (detaillierte Informationen unter www.auswaer tiges-amt.de).

INFORMATION

- **Estnisches Fremdenverkehrsamt**
  Lasnamäe 2, 11412 Tallinn,
  Tel. 627 9700,
  www.visitestonia.com
- **Lettisches Fremdenverkehrsamt (LIAA),** Perses 2, 1442 Rīga,
  Tel. 6703 9400,
  www.latvia.travel
- **Litauisches Fremdenverkehrsamt**
  c/o BZ.COMM GmbH, Gutleutstr. 16a,
  60329 Frankfurt/M.
  Tel. 069/25 62 88 80,
  www.lithuania.travel

INTERNET

Jede baltische Stadt besitzt Internetcafés, und fast jedes Hotel bietet seinen Gästen einen Computer mit Internetzugang an – oft sogar kostenlos. Vor allem in Estland trifft man im ganzen Land auf »WiFi«-Schilder – Hinweis auf Hotspots mit drahtlosem Internetzugang. Auch in Lettland und Litauen ist WiFi im Kommen, Hotspots unter http://wifi.ee, www.wifi.lv und www.wifi.lt.

NOTRUF

Estland:
- Feuerwehr und Ambulanz: 112
- Polizei: 110 (Festnetz und Mobil)

Lettland:
- Feuerwehr: 01 oder 112
- Polizei: 02 oder 112
- Ambulanz: 03 oder 112

Litauen:
- Feuerwehr: 01 (Festnetz),
  112 (Mobil)
- Polizei: 02 (Festnetz), 112 (Mobil)
- Ambulanz: 03 (Festnetz), 112 (Mobil)

ÖFFNUNGSZEITEN

- In den Städten sind die **Geschäfte** meist von 10–21 Uhr geöffnet, am Wochenende bis 20 Uhr. Lebensmittelgeschäfte schließen oft erst spätabends (22 Uhr). Auf dem Land sind die Geschäftszeiten kürzer und Mittagspausen nicht ungewöhnlich.
- **Banken** öffnen werktags zwischen 9 und 10 Uhr und schließen zwischen 16 und 18 Uhr.

POST UND PORTO

Postkarten und Briefe schaffen es per Luftpost meist in drei bis fünf Tagen nach Deutschland. Das Porto ist in den letzten Jahren gestiegen: Standardbriefe und Postkarten nach Deutschland kosten in Estland per Luftpost 1,40 €, in Lettland und Litauen ca. 0,75 €.

Die Hauptpost in Tallinn (Narva 1) öffnet in der Regel Mo–Fr 7.30–20, Sa 8–18 Uhr, die in Rīga (Stacijas laukums 1) während der Woche 8–20, Sa 8–18, So 8–16 Uhr, die in Vilnius (Gedimino 7) Mo–Fr 7–19 und Sa 9–16 Uhr.

SICHERHEIT

Die Kriminalität ist nicht auffällig, aber Eigentumsdelikte (in den Städten Taschendiebstahl) kommen vor. Das Auto stellt man am besten nur auf bewachten Parkplätzen ab und lässt nichts Wertvolles darin liegen.

SOUVENIRS

Beliebte Mitbringsel sind Strickwaren, darüber hinaus Leinen und Spitze. In vielen Souvenirläden kann man qualitätvolle Keramik-, Glas-, Leder- und Korbwaren erstehen. Begehrt sind Schmuckstücke aus Bernstein, die man aber keinesfalls bei Straßenhändlern kaufen sollte. Als Souvenir eignen sich auch baltische Süßwaren und Kräuterliköre.

TELEFON

Öffentliche Telefonzellen funktionieren mit Telefonkarten, die man in Tankstellen, Geschäften und am Kiosk bekommt.

Durch den Wegfall der Roaminggebühren bezahlen Nutzer von Mobiltelefonen im EU-Ausland die gleichen Gebühren für das Telefonieren, Surfen und SMS-Schreiben wie zu Hause. Allerdings gilt das nur für die Nutzung innerhalb des EU-Landes sowie für Anrufe und Kurznachrichten ins Heimatland.

Für Schweizer Urlauber fallen nach wie vor Roaminggebühren an. In dem Fall lohnt sich der Kauf einer Prepaidkarte, die für ca. 10 € in vielen Geschäften und an Kiosken erhältlich sind.

In **Estland** ist die Vorwahl in die Festnetz- und Mobilnummern integriert. Die Festnetznummern beginnen mit einer 3, 4, 5 oder 7, die Mobilnummern mit einer 5 oder 8. Das Gleiche gilt für **Lettland,** wo die Festnetznummern je nach Region mit 5 oder 6, Mobilnummern mit einer 2 anfangen. In **Litauen** finden Ortsvorwahlen nach wie vor Verwendung. Ruft man innerhalb Litauens vom Festnetz aus eine litauische Nummer an, wählt man vorher eine 8 und wartet auf das Freizeichen. Mobilnummern beginnen mit 6.

Landesvorwahlen: Litauen 00370, Lettland 00371, Estland 00372. Deutschland 0049, Österreich 0043, Schweiz 0041.

Englischsprachige Telefonauskunft: in Estland 1182, in Lettland und Litauen 118.

TRINKGELD

Trinkgelder haben keine Tradition und stoßen in ländlichen Gegenden noch relativ häufig auf Unverständnis. In der Stadt werden sie inzwischen jedoch erwartet. Als Anerkennung für guten Service in Gastronomie und Hotellerie sind 5–10 % des Rechnungsbetrages angemessen.

ZEIT

Im Baltikum ist man der Mitteleuropäischen Zeit (MEZ) um 1 Stunde voraus. Es wird wie in Deutschland auf Sommerzeit umgestellt.

ZOLLBESTIMMUNGEN

Innerhalb der EU darf ein- und ausführt werden, was nachweislich für den eigenen Verbrauch bestimmt ist. Für Alkohol und Tabak gelten folgende Beschränkungen: 90 l Wein, 110 l Bier, 10 l Spirituosen, 800 Zigaretten (Lettland und Litauen nur 300), 400 Zigarillos, 200 Zigarren, 1 kg Tabak.

Schweizer können Geschenke im Wert von bis zu 300 CHF mitbringen; zusätzlich 1 l Spirituosen, 2 l Wein, 200 Zigaretten und 250 g Tabak.

🗨 URLAUBSKASSE

• Tasse Kaffee	1,50 €
• Softdrink	1,50–2 €
• Glas Bier	1,50–2 €
• Imbiss (Sandwich)	2 €
• Kugel Eis	0,70–1 €
• Mietwagen/Tag	90 €
• Fahrradmiete/Std.	2 €
• Liege am Strand/Tag	3 €
• 1 l Superbenzin	1,30 €

REGISTER

BILDNACHWEIS

Coverfoto Wandgemälde, Kaunas, Litauen © mauritius images/robertharding/Kober, Christian
Fotos Umschlagrückseite Shutterstock/Grigorjeva, Anna (links); seasons.agency/Jalag/Kriwy, Natalie (Mitte); Fotolia/Malyshchyts, Viktar (rechts)

Alamy/Brooks, Michael: 94; Alamy/dleiva: 87; Alamy/Phonphoto: 23; Alamy/Polo, Alex: 130; Alamy/Rhode, Mathias: 135; Alamy/Tolstykh, Alexander: 105; Alamy/Vikmanis, Ints: 49; Fotolia/dinozzaver: 74; Fotolia/prescott09: 108; Fotolia/Schueler, Manuela: 41; Fotolia/Tolstykh, Alexander: 110; Fotolia/Malyshchyts, Viktar: 91; Freyer, Ralf: 10; Getty Images/e_rasmus: 114; Getty Images/Westend61: 54/55; Huber Images/Schmid, Reinhard: 52, 121, 147; Huber Images/Dörr, Cornelia: 6/7; imago/imageBROKER: 76; Kahl, Eberhard: 47; Könneke, Jochen: 8-1; laif/Eisermann, Dirk: 20/21; laif/hemis.fr/Gardel Bertrand: 63; laif/Hirth, Peter: 34/35, 142, 150; laif/Kristensen: 103; Lettisches Ethnografisches Freilichtmuseum: 29; Lookphotos/age fotostock: 56, 85; Lookphotos/Frei, Franz Marc: 67; mauritius images/imageBROKER/Lenz, Günter: 138; mauritius images/imageBROKER/Renckhoff, Dirk: 15; Randebrock, Silwen: 98; Schapowalow/Simeone, Giovanni: 33; seasons.agency/Jalag/Kriwy, Natalie: 44; Shutterstock/AndreyKac: 19; Shutterstock/Babakin, Roman: 81; Shutterstock/Bruev, Grisha: 118; Shutterstock/Burmistrova, Irina: 60; Shutterstock/Cherkasova, Tasha: 14; Shutterstock/Drevinskas, Mantvydas: 27; Shutterstock/Eriks Z: 145; Shutterstock/gadag: 8-2; Shutterstock/Grigorjeva, Anna: 13; Shutterstock/Ikars: 97; Shutterstock/imantsu: 18; Shutterstock/Inspired By Maps: 126; Shutterstock/Kudelin, Anton: 51; Shutterstock/Magcom: 36, 37, 38; Shutterstock/MNStudio: 12; Shutterstock/Pesnina, Zanna: 93; Shutterstock/posztos: 16; Shutterstock/Venema, Marc: 42; Shutterstock/vikau: 72; stock.adobe.com/Kertu: 17.

Liebe Leserin, lieber Leser,
wir freuen uns, dass Sie sich für diesen POLYGLOTT on tour entschieden haben.
Unsere Autorinnen und Autoren sind für Sie unterwegs und recherchieren sehr gründlich,
damit Sie mit aktuellen und zuverlässigen Informationen auf Reisen gehen können.
Dennoch lassen sich Fehler nie ganz ausschließen. Wir bitten Sie um Verständnis, dass der
Verlag dafür keine Haftung übernehmen kann.

Ihre Meinung ist uns wichtig. Bitte schreiben Sie uns:
GRÄFE UND UNZER VERLAG
Postfach 86 03 66, 81630 München, Tel. 0 89 / 419 819 41
www.polyglott.de

LESERSERVICE
polyglott@graefe-und-unzer.de
Tel. 0 800 / 72 37 33 33 (gebührenfrei in D, A, CH), Mo–Do 9–17 Uhr, Fr 9–16 Uhr

1. Auflage 2019

© 2019 GRÄFE UND UNZER VERLAG GmbH, München
Dieses Buch wurde auf chlorfrei gebleichtem Papier gedruckt.
ISBN 978-3-8464-0403-4

Bei Interesse an maßgeschneiderten B2B-Editionen:
gabriella.hoffmann@graefe-und-unzer.de

Bei Interesse an Anzeigen:
KV Kommunalverlag GmbH & Co KG
Tel. 089/928 09 60
info@kommunal-verlag.de

Verlagsredaktion: Anne-Katrin Scheiter
Autor: Jochen Könnecke
Redaktion: Renate Nöldeke
Bildredaktion: Cathrin Bach, Anne-Katrin Scheiter
Mini-Dolmetscher: Langenscheidt
Umschlaggestaltung & Layout:
Independent Medien Design, München
Horst Moser (Artdirection), Lucie Heselich
Karten und Pläne: Theiss Heidolph und Kunth Verlag GmbH & Co. KG
Satz: uteweber-grafikdesign
Herstellung: Anna Bäumner
Druck und Bindung:
Printer Trento, Italien

PEFC/18-31-506

GRÄFE
UND
UNZER

Ein Unternehmen der
GANSKE VERLAGSGRUPPE

MINI-DOLMETSCHER BALTIKUM

ALLGEMEIN	LITAUISCH	LETTISCH	ESTNISCH
Guten Morgen	Labas rytas [labas **rih**tas]	Labrīt [lab**riht**]	Tere hommikust [derre hommikußt]
Guten Tag	Laba diena [**laba dina**]	Labdien [labdi**än**]	Tere [derre]
Guten Abend	Labas vakaras [**labas** vakaras]	Labvakar [lab**wak**ar]	Tere õhtust [derre yhtußt]
Ich heiße	Mano pavardė [**mano** pavardäh]	Mans vārds ir [mans wahrds ir]	[tänan **häß**ti] Minu nimi on
Auf Wieder-sehen	Iki pasimatymo [iki pasima**tih**mo]	Uz redzēšanos [us rädsäh**scha**noß]	[**minu nimi** on] Head aega [he·ad a·ega]
Sprechen Sie Deutsch/ Englisch?	Ar Jus kalbate vokiškai / angliškai? [ar jus kal**bate** wo**kisch**kai / **anglisch**kai]	Vai Jūs runājiet vāciski/angliski? [wai juhß **ru**nahjät **wah**ziski/**angliß**ki]	Kas Te räägite saksa-keelt/ingliskeelt? [kaß te rähgite ßak**ß**akehlt / **inglißkehlt**]
Ich verstehe nicht	Aš nesuprantu. [asch nesu**prant**u]	Es Jūs nesapratu. [eß juhs nä**ßa**pruotu] at**kah**rtojät]	Ma ei saa aru. [ma e·i sah aru]
... bitte	Prašom ... [**praschom**]	... lūdzu. [**luhd**su]	Palun ... [balun]
Danke.	Ačiū [atschiuh]	Paldies. [**pald**iäß]	Tänan. [**tänan**
Wo ist ...?	Kur yra ...? [kur **ih**ra]	Kur ir ...? [kur ir]	Kus on ...? [kuß on]
ja / nein	taip [taip] / ne [nä]	jā [jah] / nē [näh]	jah [jach] / ei [ei]

SHOPPING	LITAUISCH	LETTISCH	ESTNISCH
Wo gibt es ...?	Kur yra...? [kur **ih**ra]	Kur ir...? [kur ir]	Kus on...? [kuß on]
Wie viel kostet das?	Kiek tai kainuoja ? [ki**jek** tai kai**nuo**aja]	Cik tas maksā? [zik taß **mak**ßah]	Mis see maksab? [miß ßeh **mak**ßab]
Das gefällt mir (nicht).	Man tai (ne) patinka. [man tai (ne) pa**tink**a]	Man tas (ne)patīk. [man tas (nä)**pa**tihk]	See mulle (ei) meeldib! [Seh **mulle** e·i mehldib]

ESSEN UND TRINKEN	LITAUISCH	LETTISCH	ESTNISCH
Die Speise-karte, bitte.	Atsiprašau, galima meniu? [azi**pra**schau galima **men**ju]	Lūdzu ēdienkarti. [**luh**dsu **äh**djänkarti]	Palun andke mulle menüü. [balun **ant**ke mulle menüh]
Brot	duona [duoana]	maize [**mais**ä]	leiba [le·iba]
Kaffee	kava [**kaw**a]	kafija [**kaf**ija]	kohv [kochf]
Tee	arbata [ar**bata**]	teja [**täj**a]	tee [teh]
Bier	alus [ahluß]	alus [aluß]	õlu [ylu]
Mineralwasser	mineralinis vanduo [**mineraliniß wanduoa**]	minerālūdens [**mineraludänß**]	vesi gaasiga / mineraalvesi [**wessi gahsiga** / **minerahlwessi**]
Ich möchte bezahlen.	Prašom sąskaitą. [**praschom** ßahß**kaitah**]	Lūdzu, rēķinu. [**luh**dsu rjähk**jinu**]	Palun arvet. [balun **arwet**]

IM HOTEL	LITAUISCH	LETTISCH	ESTNISCH
Ich habe ein Zimmer reserviert.	Aš užrezervavau viena kambarį. [asch uschreser**wawau** **kam**barih]	Man te ir pasūtīta istaba. [man tä ir paß**uht**ihta **iß**taba]	Minu nimele on tuba broneeritud. [**minu nimele** on **tu**ba **bron**ehritut]
Ich suche ein Zimmer für zwei Personen.	Mes esame du asmenys, norime vieno kambario. [meß esamä du aß**män**ihs **noh**rimäh **wih**noh]	Es meklēju istabu divām personām [äß mjäk**läh**ju **iß**tabu diwahm pär**ßo**nahm]	Üks tuba kahele, palun. [üks **tu**ba **kahele** balun]
Wie viel kostet das Zimmer pro Tag?	Kokia kambario kaina? [**kohk**ja kambarioh **kain**a]	Cik maksā šis numurs diennaktī? [zik **mak**ßah schiß **numurß** diä**nak**tih]	Kui kallis see tuba on? [kui **kall**is seh **tu**ba on]

MEINE ENTDECKUNGEN

....

....

....

....

....

....

....

....

....

....

....

....

....

....

....

....

....

....

....

....

Teilen Sie Ihre Entdeckungen auf facebook.com/Polyglottreisewelt.

CHECKLISTE BALTIKUM

Nur da gewesen oder schon entdeckt?

☐ **LANDHERRENLEBEN**
Pädaste Manor, ein Herrenhaus aus dem 16. Jh., liegt auf der Insel Muhu direkt am Meer. Im Restaurant speist man fürstlich. Die Umgebung lädt zu ausgedehnten Spaziergängen ein. › S. 136

☐ **DER BAUCH VON RĪGA**
Der Zentralmarkt ist Rīgas Herz und der perfekte Ort, um Spezialitäten wie Birkensaft und Hanfbutter zu kosten. › S. 97

☐ **STRANDEINSAMKEIT**
Bei Jūrkalne kann man stundenlang am Strand entlangspazieren, ohne einem einzigen Menschen zu begegnen. › S. 13

☐ **TURMPARADE**
Von der Aussichtsterrasse auf dem Tallinner Domberg schweift der Blick über die Unterstadt mit ihren zahlreichen Kirch- und Wehrtürmen bis zur Ostsee. › S. 15

☐ **MOORSCHUHWANDERN IM LAHEMAA-NATIONALPARK**
Schneeschuhähnliches Schuhwerk sorgt für trockene Füße, während man über sumpfige Böden wandert und den Geheimnissen dieses besonderen Ökosystems nachspürt. › S. 12

☐ **FAHRT IM KURENKAHN**
Während man gemächlich über das Haff schippert, zieht die eindrucksvolle Dünenlandschaft der Kurischen Nehrung vorbei. › S. 12

☐ **SONNENUNTERGANG BEI PALANGA**
Von dem 600 m ins Meer ragenden Steg aus sieht man die Sonne rot glühend in der Ostsee versinken. › S. 16

🗨 **MITBRINGSEL**

- **Essbarer Bernstein:** Süße Leckerei aus Quitte, Sanddorn- und Moosbeerensaft › S. 18
- **Webkunst:** Flauschiger Schal aus handgewebtem Leinen von Ars Tela › S. 18